Horst Dieter Krasshöfer
Josef Molkenbur

Betriebsvereinbarung

rieder

Dieses Papier ist umweltschonend chlorfrei gebleicht hergestellt.

Bei der Erstellung des Buches wurde mit großer Sorgfalt vorgegangen; trotzdem können Fehler nicht vollständig ausgeschlossen werden. Der Rieder Verlag und die Autoren können für fehlerhafte Angaben und deren Folgen weder eine juristische Verantwortung noch irgendeine Haftung übernehmen. Für Verbesserungsvorschläge und Hinweise auf Fehler sind wir dankbar.

Persönlich haftende Gesellschafterin:
Rieder Verwaltungs- und Beteiligungsgesellschaft mbH Münster
Geschäftsführer:
Dipl.-Psych. Heidrun Rieder
Dipl.-Psych. Hans Dieter Rieder

Umschlag Entwurf: Klaus Birk, Münster
Satz: Schreibbüro Birgit Föhl, 74080 Heilbronn
Druck: rehms druck, 46325 Borken

ISBN 3-931165-39-6

Abkürzungsverzeichnis

a.A. = anderer Ansicht
a.a.O. = am angegebenen Ort
ABR = Aktenzeichen für Beschlußverfahren beim Bundesarbeitsgericht
Abs. = Absatz
AFG = Arbeitsförderungsgesetz
AiB = Arbeitsrecht im Betrieb (Bund Verlag)
AktG = Aktiengesetz
Alt. = Alternative
AP = Arbeitsrechtliche Praxis – Nachschlagewerk des Bundesarbeitsgerichts
ArbGG = Arbeitsgerichtsgesetz
ArbPlSchG = Arbeitsplatzschutzgesetz
ArbZG = Arbeitszeitgesetz
ASiG = Arbeitssicherheitsgesetz
AuA = Arbeit und Arbeitsrecht
Aufl. = Auflage
AÜG = Arbeitnehmerüberlassungsgesetz
AuR = Arbeit und Recht (Bund Verlag)
AVE = Erklärung der Allgemeinverbindlichkeit
AZO = Arbeitszeitordnung
AZR = Aktenzeichen Urteilsverfahren beim Bundesarbeitsgericht
BAG = Bundesarbeitsgericht
BAGE = Entscheidungen des Bundesarbeitsgerichts
BB = Betriebsberater (Verlag Recht und Wirtschaft)
BBiG = Bundesbildungsgesetz
BErzGG = Bundeserziehungsgeldgesetz
BeschFG = Beschäftigungsförderungsgesetz
BetrAVG = Gesetz zur Verbesserung der betrieblichen Altersversorgung
BetrVG = Betriebsverfassungsgesetz
BFH = Bundesfinanzhof
BGB = Bürgerliches Gesetzbuch
BGH = Bundesgerichtshof
BlStSozArbR = Blätter für Steuern, Sozialversicherung und Arbeitsrecht
BPersVG = Bundespersonalvertretungsgesetz
BT = Bundestag
BT-Drucks. = Bundestags-Drucksache
BUrlG = Bundesurlaubsgesetz
BV = Aktenzeichen Beschlußverfahren beim Arbeitsgericht
BVerfG = Bundesverfassungsgericht
BVerfGE = Entscheidungen des Bundesverfassungsgerichts
BVG = Bundesversorgungsgesetz
bzw. = beziehungsweise
Ca = Aktenzeichen Urteilsverfahren beim Arbeitsgericht
DB = Der Betrieb (Verlag Handelsblatt)
DGB = Deutscher Gewerkschaftsbund
d.h. = das heißt
DKKS = Däubler/Kittner/Klebe/Schneider, Gemeinschaftskommentar zum BetrVG
EFG = Entscheidungen der Finanzgerichte
EFZG = Entgeltfortzahlungsgesetz
EStG = Einkommensteuergesetz
EuGH = Europäischer Gerichtshof
EzA = Entscheidungssammlung zum Arbeitsrecht (Luchterhand Verlag)
FAKH = Fitting/Auffarth/Kaiser/Heither, Gemeinschaftskommentar zum BetrVG
ff. = fortfolgende
FG = Finanzgericht
Fn. = Fußnote
FS = Festschrift
GewO = Gewerbeordnung
GG = Grundgesetz
ggf. = gegebenenfalls
GS = Großer Senat
GTV = Gehaltstarifvertrag
HGB = Handelsgesetzbuch
h.M. = herrschende Meinung

HS	=	Halbsatz
HzA	=	Handbuch zum Arbeitsrecht
i.d.R.	=	in der Regel
i.S.d.	=	im Sinne des/der
i.V.m.	=	in Verbindung mit
KfH	=	Kammer für Handelssachen
KO	=	Konkursordnung
KSchG	=	Kündigungsschutzgesetz
KündFG	=	Gesetz zur Vereinheitlichung der Kündigungsfristen von Arbeitern und Angestellten
KuR	=	Schriftenreihe Kommunikation und Recht
LAG	=	Landesarbeitsgericht
LAGE	=	Entscheidungen der Landesarbeitsgerichte (herausgegeben von Stahlhacke)
LG	=	Landgericht
LohnFG	=	Lohnfortzahlungsgesetz
LStR	=	Lohnsteuerrichtlinien
m.w.N.	=	mit weiteren Nachweisen
Mrd.	=	Milliarde
MSchG	=	Mutterschutzgesetz
MTV	=	Manteltarifvertrag
n.F.	=	neue Fassung
Nr.	=	Nummer
n.rkr.	=	nicht rechtskräftig
n.v.	=	nicht veröffentlicht
NZA	=	Neue Zeitschrift für Arbeit und Sozialrecht (C.H. Beck Verlag)
OLG	=	Oberlandesgericht
pp.	=	perge, perge (lat. „fahre fort“ = und so weiter)
RdA	=	Recht der Arbeit
Rdn./Rz.	=	Randnummer/Randzahl
rkr.	=	rechtskräftig
Sa	=	Aktenzeichen Urteilsverfahren beim Landesarbeitsgericht
SchwbG	=	Schwerbehindertengesetz
SG	=	Sozialgericht
Slg	=	Sammlung
str.	=	streitig
TaBV	=	Aktenzeichen Beschlußverfahren beim Landesarbeitsgericht
TV	=	Tarifvertrag
u.U.	=	unter Umständen
ÜT	=	übertarifliche Zulage
vgl.	=	vergleiche
VerglO	=	Vergleichsordnung
WM	=	Wertpapier-Mitteilungen
WO	=	Wahlordnung
WOMitbestG	=	Wahlordnung zum Mitbestimmungsgesetz
WPrax	=	Wirtschaftsrecht und Praxis, Beratungsreport für Anwälte und Unternehmer
z.B.	=	zum Beispiel
ZDG	=	Zivildienstgesetz
ZiP	=	Zeitschrift für internationales Privatrecht
ZPO	=	Zivilprozeßordnung
ZTR	=	Zeitschrift für Tarifrecht

Inhalt:

1. Inhalt, Abschluß und Auslegung der Betriebsvereinbarung 7
1.1. Allgemeine Grundsätze 7
1.2. Inhalt der Betriebsvereinbarung 8
1.3. Abschluß der Betriebsvereinbarung 9
1.4. Auslegung der Betriebsvereinbarung 15

2. Regelungskompetenz der Betriebspartner 17
2.1. Allgemeine Grundsätze 17
2.2. Tarifvorbehalt gemäß § 77 Abs. 3 BetrVG 19
2.2.1. Allgemeines 19
2.2.2. Vorrang- oder Zweischrankentheorie – § 87 Abs. 1 Einleitungssatz BetrVG 21
2.2.3. Praktische Auswirkungen 22
2.3. Höherrangiges Recht 27

3. Rechtswirkungen der Betriebsvereinbarung 27
3.1. Allgemeine Grundsätze 27
3.2. Geltungsbereich 28
3.3. Rückwirkung 30
3.4. Unmittelbare und zwingende Wirkung 32
3.5. Günstigkeitsprinzip 34
3.5.1. Wirkungsbereich 36
3.5.2. Durchführung des Günstigkeitsvergleichs 37
3.5.3. Betriebsvereinbarungsoffene Arbeitsverträge 38
3.6. Ausgewählte Entscheidungen 39

4. Verlust von Ansprüchen 44
4.1. Verzicht 45
4.2. Verwirkung 47
4.3. Geltendmachung 48

5. Beendigung, Nachwirkung und Ablösung 49
5.1. Beendigung 49
5.1.1. Aufhebung 50
5.1.2. Anfechtung, Wegfall der Geschäftsgrundlage 50
5.1.3. Betriebsunter- und -übergang, Ende der Amtszeit des Betriebsrats 52
5.1.4. Beendigung durch Zeitablauf, Zweckerreichung 55
5.1.5. Kündigung 55
5.1.5.1. Ordentliche Beendigungskündigung 56
5.1.5.2. Außerordentliche Beendigungskündigung 58
5.1.5.3. Teilkündigung 58
5.1.5.4. Änderungskündigung 59
5.2. Nachwirkung der Betriebsvereinbarung 60
5.2.1. Allgemeine Grundsätze 60
5.2.2. Vereinbarungen bezüglich Nachwirkung 61
5.2.3. Erzwingbare Betriebsvereinbarungen 62
5.2.4. Teilmitbestimmte Betriebsvereinbarungen 63
5.2.5. Freiwillige Betriebsvereinbarungen 64
5.3. Ablösung der Betriebsvereinbarung 67

6. Unwirksamkeit der Betriebsvereinbarung 69
6.1. Allgemeines 69
6.2. Teilnichtigkeit 73
6.3. Gesamtnichtigkeit 73
6.4. Umdeutung 74

7. Durchführung der Betriebsvereinbarung 75

8. Streitigkeiten über Inhalt, Auslegung und Geltung der Betriebsvereinbarung sowie deren Durchführung 76
8.1. Gerichtliche Rechts- und Billigkeitskontrolle 76
8.2. Besonderheiten bei verschiedenen Streitigkeiten 77

Stichwortverzeichnis 83

Der Regelungsbereich der Betriebsvereinbarung und seine Grenzen – Inhalt, Anwendung und Beendigung einer Betriebsvereinbarung

1. Inhalt, Abschluß und Auslegung der Betriebsvereinbarung

1.1. Allgemeine Grundsätze

Der Arbeitgeber und der Betriebsrat – die Betriebspartner – können keine Normen beschließen, die gänzlich außerhalb des – weit zu fassenden – Rahmens des Betriebsverfassungsgesetzes liegen und weder einen Bezug zur betriebsverfassungsrechtlichen Gestaltung des Betriebs noch zum Inhalt des Individualarbeitsverhältnisses haben.[1] Außerdem muß die Betriebsvereinbarung alle Arbeitnehmer/-innen des Betriebs oder jedenfalls eine abstrakt abgegrenzte Gruppe von Arbeitnehmern des Betriebs betreffen. Weiterhin dürfen die in ihr enthaltenen Regelungen nicht ausschließlich belastend für die Arbeitnehmer/-innen sein.[2] Unstreitig ist die Betriebsvereinbarung ein Vertrag zwischen den Betriebspartnern. Umstritten ist zum einen, ob dieser dem privaten oder dem öffentlichen Recht angehört. Zum anderen wurde vor allem früher zur Rechtsnatur der Betriebsvereinbarung die Satzungs- bzw. Beschlußtheorie vertreten, während die heute herrschende Auffassung von der sogenannten Vertragstheorie ausgeht. Danach handelt es sich bei der Betriebsvereinbarung um einen zweiseitigen kollektiven Normenvertrag, der gemäß § 77 Abs. 1 BetrVG zu den Vereinbarungen zwischen Arbeitgeber und Betriebsrat gehört.[3] Die praktischen Auswirkungen dieses Meinungsstreits sind nur gering.[4]

Vertrag

Vertragstheorie

---

1 **BAG** 20.12.1957 – 1 AZR 237/56 = AP Nr. 1 zu § 399 BGB = BB 1958, 448
und **Fitting/Auffarth/Kaiser/Heither**, BetrVG, 17. Aufl., § 77 Rdn. 34 unter Hinweis auf **Travlos-Tzanetatos**, Die Regelungsbefugnis der Betriebspartner und ihre Grenzen zum Einzelarbeitsverhältnis, Berlin 1974

2 **Stege/Weinspach**, BetrVG, 7. Aufl., § 77 Rdn. 23 und 24

3 vgl. zu alledem **MünchArbR-Matthes**, Bd. III, § 319 Rdn. 1 m.w.N. sowie **Brune**, AR-Blattei SD, 5. Lieferung, Oktober 1993, Betriebsvereinbarung (520), Rdn. 44 ff. m.w.N.

4 **Schaub**, Arbeitsrechtshandbuch, 7. Aufl., § 231 II.1, S. 1681

1.2. Inhalt der Betriebsvereinbarung

Regelungskompetenz

Inhalt der Betriebsvereinbarung kann die Regelung aller Angelegenheiten sein, auf welche sich die Regelungskompetenz der Betriebspartner erstreckt. Zum einen können die Betriebspartner ihr Verhältnis untereinander zum Gegenstand einer Betriebsvereinbarung machen, sich also gegenseitig berechtigen oder verpflichten. Insoweit hat die Betriebsvereinbarung lediglich schuldrechtliche Wirkung.[5] Derartige Regelungen werden auch als „Betriebsverfassungsnormen" bezeichnet.[6] Zum anderen kann im Rahmen von Betriebsvereinbarungen der Inhalt, der Abschluß und die Beendigung von Arbeitsverhältnissen ebenso geregelt werden wie eine betriebliche oder betriebsverfassungsrechtliche Fragen. Der Betriebsvereinbarung kommt – praktisch als Gesetz des Betriebs – normative Wirkung zu, weil sie – gleichsam wie die Sonne auf die Erde – von außen auf das Arbeitsverhältnis einstrahlt, ohne Inhalt des Arbeitsverhältnisses zu werden.[7] Dabei werden bezeichnet als

Betriebsverfassungsnorm

Abschlußnormen

- **Abschlußnormen:**
  die Vereinbarungen der Betriebspartner in bezug auf Einstellungsge- und -verbote nebst den dazugehörenden Förmlichkeiten,

  Beispiele:

  Betriebsvereinbarungen über Auswahlrichtlinien nach § 95 BetrVG, das Verlangen von innerbetrieblichen Stellenausschreibungen nach § 93 BetrVG

Inhaltsnormen

- **Inhaltsnormen:**
  die den rechtsgeschäftlichen Inhalt der Arbeitsverhältnisse betreffenden Bestimmungen,

  Beispiel:

  ***Betriebsvereinbarung** über ein Umsatzbeteiligungssystem zur Motivationssteigerung der Mitarbeiter des Ver-*

---

5 so **MünchArbR-Matthes**, a.a.O., § 319 Rdn. 2 m.w.N.

6 **Brune**, a.a.O., Rdn. 169 m.w.N., die sich in Rdn. 174 ff. außerdem mit der umstrittenen Zulässigkeit sogenannter schuldrechtlicher Abreden befaßt und insoweit zu dem Ergebnis kommt, daß der Streit kaum praktische Auswirkungen hat

7 vgl. **MünchArbR-Matthes**, a.a.O., § 319 Rdn. 3 und Rdn. 25 jeweils m.w.N.

kaufes und Intensivierung und Verbesserung der Kundenkontakte.

- **Betriebs- und Ordnungsnormen:**

  alle Vereinbarungen, deren Gegenstand Fragen der betrieblichen Organisation und solche Angelegenheiten hinsichtlich der Ordnung des Betriebes sind, für welche dem Betriebsrat gemäß § 87 Abs. 1 Nr. 1 BetrVG ein Mitbestimmungsrecht zusteht.[8]

  Beispiel :

  Kleidung, Berufskleidung

  Alle Mitarbeiter sind gehalten, saubere, der jeweiligen Tätigkeit angemessene Kleidung zu tragen.

  oder

  Anwesenheit am Arbeitsplatz

  Betreten und Verlassen des Betriebs

  Zum Betreten und Verlassen des Hauses dürfen nur die Personaleingänge benutzt werden.

  Mitarbeiter, die für längere Zeit ihren Arbeitsplatz verlassen müssen, haben sich vorher bei ihrem Vorgesetzten abzumelden. Wer aus besonderen Gründen den Betrieb während der Arbeitszeit – ausgenommen Pausen – verlassen muß, braucht hierzu einen vom zuständigen Vorgesetzten unterschriebenen Passierschein, der beim Pförtner zu hinterlegen ist.

Betriebs- und Ordnungsnormen

1.3. Abschluß der Betriebsvereinbarung

Vertragsabschluß

In der Regel kommt eine Betriebsvereinbarung durch einen Vertragsabschluß nach den Regeln des BGB zustande. Die Betriebspartner können gemeinsam oder getrennt den Regelungstatbestand beraten und darüber Beschluß fassen.

---

8 so **Brune**, a.a.O., Rdn. 166

Beispiel für einen Beschluß des Betriebsrats:

„Betriebsrat der Fa. .... *Ort, den ....*

Der Vorsitzende stellt den – allen Betriebsratsmitgliedern vorliegenden – Entwurf einer Betriebsvereinbarung über Arbeitszeit zur Abstimmung. Alle drei anwesenden Betriebsratsmitglieder stimmen für den Abschluß dieser Betriebsvereinbarung.“

Alsdann muß die – ggf. im Innenverhältnis vollzogene – Willensbildung zum Gegenstand einer Willensübereinstimmung gemacht werden.[9] Demgemäß heißt es in § 77 Abs. 2 Satz 1 BetrVG, daß Betriebsvereinbarungen von Betriebsrat und Arbeitgeber "gemeinsam zu beschließen" sind.

Beispiel für den Eingangssatz einer Betriebsvereinbarung:

„Betriebsvereinbarung

Zwischen der Firma .... und dem Betriebsrat wird folgende Betriebsvereinbarung über die Arbeitszeit und den Ausgleich durch Freischichten abgeschlossen:“

Es ist aber auch denkbar, daß eine Betriebsvereinbarung durch den Spruch einer Einigungsstelle begründet wird. Diese wird im Bereich der erzwingbaren Mitbestimmung auf Antrag einer der Betriebspartner gemäß § 76 Abs. 5 BetrVG und im übrigen nur auf Antrag und im Einverständnis beider Betriebspartner gemäß § 76 Abs. 6 BetrVG tätig.

Beispiel:

Spruch der Einigungsstelle

Spruch der Einigungsstelle

In dem Einigungsstellenverfahren zur Herbeiführung eines Sozialplans zwischen der Fa. ..... und dem Betriebsrat der Fa. ... hat die Einigungsstelle am ...(Datum) beschlossen:

Betriebsvereinbarung über den Betrieb von Video-Überwachungsanlagen

....(Text).

Unterschrift (Vorsitzender der Einigungsstelle).

---

[9] so **Schaub**, a.a.O., § 231 II.2. a) – S. 1681

Der die Betriebsvereinbarung gemäß § 76 Abs. 6 BetrVG begründende Spruch der Einigungsstelle ist nur verbindlich, falls beide Betriebspartner sich ihm im voraus unterwerfen oder ihn nachträglich annehmen.

Unterwerfung

Beispiel für Unterwerfung im voraus:

> *„Aufgrund des Beschlusses vom ......(Datum) unterwirft sich der Betriebsrat im voraus dem Spruch der Einigungsstelle zur Herbeiführung einer Regelung über Mehrarbeit und verzichtet darauf, den Spruch gem. § Abs. 5 BetrVG, § 76 Abs. 5 BetrVG anzufechten."*

Erzwingbare Mitbestimmung

Liegt dagegen ein Fall der erzwingbaren Mitbestimmung vor, entscheidet die Einigungsstelle auf Antrag eines Betriebspartners kraft Gesetzes gemäß § 76 Abs. 5 – 6 BetrVG verbindlich.[10] Soweit nach alledem Erklärungen notwendig sind, müssen diese durch die Betriebspartner, also durch den Betriebsrat und den Arbeitgeber selbst – und nicht nur durch deren Mitglieder in der Einigungsstelle – erfolgen. Die Erklärungen des Betriebsrats setzen wiederum einen ordnungsgemäßen Beschluß voraus.[11]

Der Arbeitgeber kann sich entweder durch einen Prokuristen oder – was in der Praxis häufig vorkommt – durch eine alleine oder mehrere gemeinsam für das Personalwesen bevollmächtigte Person(en) beim Abschluß der Betriebsvereinbarung vertreten lassen. Allein der Umstand, daß die Betriebspartner einen Spruch der Einigungsstelle lediglich hinnehmen, stellt noch nicht dessen Annahme dar.[12]

Schriftform

Weitere Voraussetzung für die Wirksamkeit einer Betriebsvereinbarung ist gemäß § 77 Abs. 2 Satz 1 und Satz 2 BetrVG, daß sie zum einen schriftlich niedergelegt und zum anderen von beiden Seiten unterzeichnet wird. Folglich müssen Arbeitgeber und Betriebsrat die Betriebsvereinbarung eigenhändig und auf einer Urkunde unterzeichnen (§ 126 Abs. 1 und Abs. 2 BGB). Dementsprechend bestimmt § 76 Abs. 3 Satz 3 BetrVG, daß auch die Beschlüsse der Einigungsstelle – und folglich auch deren Sprüche – schriftlich niederzulegen, vom Vorsitzenden zu unterschreiben und sodann Arbeitgeber und Betriebsrat zuzuleiten

---

[10] so auch **Schaub**, a.a.O., § 231 II.2. c), S. 1681 f.
[11] **MünchArbR-Matthes**, a.a.O., § 319 Rdn. 11
[12] **MünchArbR-Matthes**, a.a.O., § 319 Rdn. 11 a.E.

Schriftform

sind. Somit sind sämtliche Betriebsvereinbarungen – unabhängig von ihrem jeweiligen Zustandekommen – an die Schriftform gebunden, um zu gewährleisten, daß ihre Rechtsnormen festgehalten, klargestellt und im Betrieb bekanntgegeben werden.

Voraussetzung für die Einhaltung der Schriftform ist die gemeinsame Unterzeichnung durch beide Betriebspartner auf einem Original. Die Unterzeichnung einer Kopie genügt nicht für die Wahrung der Schriftform i.S.v. § 77 Abs. 2 Satz 1 BetrVG. Es muß nämlich nach außen erkennbar sein, daß der Inhalt der entsprechenden Vereinbarung von beiden Betriebspartnern gebilligt ist. Das muß jederzeit nachweisbar sein. Gerade wegen der normativen Wirkung einer Betriebsvereinbarung muß sich eindeutig ergeben, daß beide Betriebspartner mit dem jeweiligen Text in vollem Umfang einverstanden sind. Deshalb ist der Austausch gleichlautender Urkunden, wie in § 126 Abs. 2 Satz 2 BGB für Verträge vorgesehen, für den Bereich der Betriebsvereinbarungen nicht anwendbar.

Auslage

Dem entspricht es, daß nach § 77 Abs. 2 Satz 3 BetrVG die Betriebsvereinbarung im Betrieb auszulegen ist. Diese Auslage setzt auch voraus, daß das Original von beiden Betriebspartnern unterzeichnet worden ist. Zweck der Schriftform in § 77 Abs. 2 Satz 1 BetrVG ist auch der Schutz der Arbeitnehmer/-innen. Gerade auch in deren Interesse soll klargestellt werden, daß Streitigkeiten über den Inhalt der Urkunde ausgeschlossen werden.[13]

---

[13] vgl. dazu **LAG** Berlin 26.9.1991 – 2 TaBV 3/91 = BB 1992, 68 = DB 1991, 2593

Hinweis:

- Das Schriftformerfordernis des § 77 Abs. 2 Satz 1 BetrVG ist nicht einmal dann erfüllt, wenn der Arbeitgeber die Fotokopie eines Beschlusses des Betriebsrats unterzeichnet, selbst wenn das Original dieses Beschlusses von sämtlichen Betriebsratsmitgliedern unterzeichnet war.
- Demgegenüber kann dem Formerfordernis des § 77 Abs. 2 Satz 1 BetrVG auch dann genügt sein, wenn einzelne Anlagen der Betriebsvereinbarung nicht gesondert unterzeichnet worden sind, aber die Anlagen bzw. Blätter mittels einer Heftklammer zusammengeheftet sind. Sie erfüllen damit die Voraussetzungen einer Gesamturkunde.[14]
- Die Schriftform wird auch gewahrt durch die Bezugnahme auf andere schriftlich vorliegende Regelungen, insbesondere Tarifverträge, auch wenn diese der Betriebsvereinbarung nicht im Wortlaut beigefügt werden.[15]

Fotokopie

Gesamturkunde

Nach alledem können die Betriebspartner aufgrund einer mündlichen Abrede keine wirksame Betriebsvereinbarung schließen. Gleichwohl kann eine derartige mündliche Vereinbarung zwischen den Betriebspartnern in Gestalt einer "Regelungsabrede" zulässig und wirksam sein. Im Gegensatz zu dieser hat der Arbeitgeber die schriftlich abgeschlossene Betriebsvereinbarung im Betrieb an geeigneter Stelle auszulegen. Das folgt aus § 77 Abs. 2 Satz 3 BetrVG. Eine geeignete Stelle ist regelmäßig das „Schwarze Brett". Bei dieser Bestimmung, wonach die Betriebsvereinbarung auszulegen ist, handelt es sich allerdings nur um eine Ordnungsvorschrift. Folglich hängt die Wirksamkeit der Be-

Mündliche Abrede

Geeignete Stelle

Bekanntmachung

---

14 vgl. dazu **BAG** 11.11.1986 – 3 ABR 74/85 = BB 1987, 1116 = NZA 1987, 449, wonach eine Gesamturkunde gegeben ist, wenn mehrere Blätter zusammengehören und auch äußerlich erkennbar eine Einheit bilden. Die Einheitlichkeit der Urkunde kann dadurch hergestellt werden, daß ihre Bestandteile zusammengeheftet sind und einen Sinnzusammenhang erkennen lassen. Bei einer solchen Gesamturkunde muß nicht jedes Blatt unterschrieben sein. Allerdings müssen die Teile der Betriebsvereinbarung bereits verklammert gewesen sein, als die Betriebspartner ihre Unterschrift leisteten.

15 **MünchArbR-Matthes**, a.a.O., § 319 Rdn. 15 unter Hinweis auf **BAG** 8.10.1959 = 2 AZR 503/56 = RdA 1960, 159 = AP Nr. 14 zu § 56 BetrVG 1952

triebsvereinbarung nicht von deren Auslegung oder Bekanntmachung durch den Arbeitgeber im Betrieb ab.[16]

Schadenersatz

Hinweis:

Der Arbeitgeber kann sich schadenersatzpflichtig machen, wenn Arbeitnehmern dadurch ein Schaden entsteht, daß sie von einer Betriebsvereinbarung keine Kenntnis hatten. Außerdem können sich Arbeitnehmer, die gegen Vorschriften einer nicht bekannt gemachten Betriebsvereinbarung verstoßen, auf ihre Unkenntnis berufen.[17]

Umdeutung Regelungsabrede

Eine – z.B. wegen Nichteinhaltung einer Formvorschrift – unwirksame Betriebsvereinbarung kann u.U. entsprechend § 140 BGB umgedeutet werden. Allerdings kommt regelmäßig keine Umdeutung in eine Regelungsabrede in Betracht.[18]

Vertrag zugunsten Dritter

Gesamtzusage

Unter Umständen kann aber die unwirksame Betriebsvereinbarung unter bestimmten Voraussetzungen in einen Vertrag zugunsten Dritter, nämlich einen Vertrag zwischen Arbeitgeber und Betriebsrat als Vertreter der Belegschaft oder in eine Gesamtzusage umgedeutet werden.[19] In diesem Zusammenhang dürfte es insbesondere darauf ankommen, daß besondere tatsächliche Umstände vorliegen, aus denen die Arbeitnehmer nach Treu und Glauben schließen durften, daß der Arbeitgeber sich über die betriebsverfassungsrechtliche Verpflichtung hinaus in bestimmter Weise ihnen gegenüber binden wollte.[20]

Beispiel:

Der Arbeitgeber schließt freiwillig unbedingt, unwiderruflich und ohne vom Betriebsrat gedrängt worden zu sein eine Betriebsvereinbarung über die Anrechnungsfestigkeit übertariflicher Zulagen.

Hieraus ist der Schluß zu ziehen, er hätte bei Kenntnis der Nichtigkeit der Betriebsvereinbarung entsprechende Vertragsangebote an die Arbeitnehmer abgegeben.

---

16 **MünchArbR-Matthes**, a.a.O., § 319 Rdn. 18

17 vgl. dazu **Fitting/Auffarth/Kaiser/Heither**, a.a.O., § 77 Rdn. 14 und **Dietz/Richardi**, BetrVG, Bd. 2, 6. Aufl., § 77 Rdn. 35

18 vgl. dazu etwa **Molkenbur/Krasshöfer**, RdA 1989, 337, 348

19 vgl. dazu statt aller ausführlich **Brune**, a.a.O., Rdn. 130 – 137 m. umfangreichen w. N.

20 **BAG** 23.8.1989 – 5 AZR 391/88 = BB 1989, 2255, 2330 = NZA 1990, 69

Schließlich kommt es immer wieder vor, daß eine Betriebsvereinbarung unbeschadet ihrer Nichtigkeit gleichwohl praktiziert wird. Ist das der Fall, stellt sich die Frage, ob das Ansprüche der Arbeitnehmer auf Beibehaltung dieser Praxis aufgrund betrieblicher Übung entstehen läßt.[21]

Nichtigkeit

Betriebliche Übung

Schließlich wird in sehr vielen Arbeitsverträgen auf Betriebsvereinbarungen Bezug genommen. Zwar ist für den Regelfall davon auszugehen, daß die Arbeitsvertragsparteien sich dabei lediglich auf wirksame Betriebsvereinbarungen beziehen wollen. Es ist aber auch denkbar, daß die Arbeitsvertragsparteien gerade durch die einzelvertragliche Bezugnahme sicherstellen wollten, daß die in Bezug genommene Betriebsvereinbarung auch für den Fall ihrer Unwirksamkeit gelten soll.[22]

Einzelvertragliche Bezugnahme

1.4. Auslegung der Betriebsvereinbarung

Hinsichtlich der Auslegung der Betriebsvereinbarung gelten – kurz zusammengefaßt – folgende Grundsätze:[23]

Auslegung

- Der schuldrechtliche Teil der Betriebsvereinbarung ist nach den allgemeinen Regeln über die Auslegung von Verträgen (§§ 133, 157 BGB) auszulegen.

Schuldrechtlicher Teil

- Die normativen Teile der Betriebsvereinbarungen sind wie Gesetze, Tarifverträge und Normen auszulegen. Danach kommt es in erster Linie entscheidend auf den objektiven Erklärungswert an, der sich aus dem Wortlaut und dem Zweck der Regelung sowie dem Gesamtzusammenhang der einzelnen Bestimmungen ergibt. In zweiter Linie sind bei der Auslegung einer Betriebsvereinbarung deren Entstehungsgeschichte und auch die bisherige betriebliche Handhabung jedenfalls dann zu berücksichtigen, wenn diese nicht in einem klaren Widerspruch zum eindeutigen Inhalt der Betriebsvereinbarung steht.

Normativer Teil

- Weil die Betriebspartner im Zweifel wirksame Betriebsvereinbarungen abschließen wollen, sind diese im Zweifel so

---

21 vgl. dazu statt aller **Brune**, a.a.O., Rdn. 138 – 140 m. umfangreichen w. N.
22 so **Brune**, a.a.O., Rdn. 142 m.w.N.
23 vgl. **MünchArbR-Matthes**, a.a.O., § 319 Rdn. 4 – 8 m. umfangreichen w. N.

auszulegen, daß sie nicht in Widerspruch zu den geltenden Gesetzen und Tarifvertragsrecht stehen.

- Wenn die Betriebspartner typische Rechtsbegriffe aus dem Gesetzes- und Tarifrecht verwenden, so sind diese Begriffe – jedenfalls im Zweifel – entsprechend ihrem – außerhalb der Betriebsvereinbarung – allgemein maßgeblichen Inhalt zu verstehen. Etwas anderes gilt nur dann, wenn die Betriebspartner ersichtlich mit ganz konkreten und erklärten Vorstellungen eigenes Recht auch hinsichtlich der Bedeutung bestimmter Begriffe setzen wollten.

Regelungslücke

- Enthält die Betriebsvereinbarung eine Regelungslücke, wovon nur ausgegangen werden kann, wenn die getroffene Regelung nach dem Willen der Betriebspartner nicht bewußt abschließend sein sollte, und existieren somit hinsichtlich eines regelungsbedürftigen Tatbestandes keine ausdrücklichen Bestimmungen, so ist eine solche Lücke im Wege der ergänzenden Auslegung der Betriebsvereinbarung gemäß dem hypothetischen Willen der Betriebspartner zu schließen.

Ergänzende Auslegung

Hinweis:

Selbst der ausdrückliche Wille der Betriebspartner kann bei der Auslegung der Betriebsvereinbarung im Grundsatz nur dann berücksichtigt werden, wenn er in der Betriebsvereinbarung selbst **erkennbar** Ausdruck gefunden hat. Fehlt es hieran, stellt sich zwar die Frage, ob auf den Willen der Betriebspartner wenigstens insoweit abzustellen ist, als dieser auch für die Arbeitnehmer erkennbar war. Diese Frage ist aber deshalb zu verneinen, weil es dem Charakter der Betriebsvereinbarung als Normenvertrag widersprechen und je nachdem zu unterschiedlichen Auslegungsergebnissen führen würde, welchen konkreten Arbeitnehmern dieser Wille beim Abschluß der Betriebsvereinbarung bekannt geworden ist.[24]

---

[24] so zutreffend **MünchArbR-Matthes**, a.a.O., § 319 Rdn. 5

2. Regelungskompetenz der Betriebspartner

2.1. Allgemeine Grundsätze

Der Bereich der Angelegenheiten, der einer mitbestimmten Regelung durch die Betriebspartner zugänglich ist, ist im Betriebsverfassungsgesetz nicht abschließend geregelt. Folglich ist die Regelungskompetenz der Betriebspartner – abgesehen von der Grenze der funktionellen Zuständigkeit des Betriebsrats – im Grundsatz unbeschränkt. Demgemäß fällt in die Zuständigkeit der Betriebspartner die Regelung sämtlicher sozialen, personellen und wirtschaftlichen Angelegenheiten, soweit sie den Betrieb und die Arbeitnehmer/-innen betreffen.[25] Dabei sind allerdings neben den Grenzen der allgemeinen Schranken der betrieblichen Regelungsmacht auch die zwingenden gesetzlichen Bestimmungen zu beachten. § 77 Abs. 3 BetrVG geht von einer im Grundsatz umfassenden Regelungskompetenz der Betriebspartner aus. Nach dieser Vorschrift können zwar, sofern der Tarifvertrag den Abschluß ergänzender Betriebsvereinbarungen nicht ausdrücklich zuläßt, Arbeitsentgelte und sonstige Arbeitsbedingungen, die durch Tarifvertrag geregelt sind oder üblicherweise geregelt werden, nicht Gegenstand einer Betriebsvereinbarung sein.

Regelungskompetenz

Zuständigkeit der Betriebspartner

Schranken der betrieblichen Regelungsmacht

Beispiele:

Die Dauer der tariflich geregelten regelmäßigen wöchentlichen Arbeitszeit, die Lohn- und Gehaltshöhe, die Dauer des Jahresurlaubs.

Positiv ausgedrückt bedeutet dies aber, daß in den Schranken des § 77 Abs. 3 BetrVG grundsätzlich jede durch Tarifvertrag gemäß § 1 Abs. 1 TVG regelbare Angelegenheit auch Gegenstand einer Betriebsvereinbarung sein kann.[26] Somit haben die Betriebspartner grundsätzlich die gleiche Regelungskompetenz wie die Tarifvertragsparteien, und zwar kraft Gesetzes, nämlich aufgrund der durch das Betriebsverfassungsgesetz verliehenen gesetzlichen Befugnis.[27]

Regelungskompetenz

---

[25] **MünchArbR-Matthes**, a.a.O., § 318 Rdn. 50 m. umfangreichen w. N.

[26] **BAG** 7.11.1989 – GS 3/85 = AP Nr. 46 zu § 77 BetrVG 1972 = NZA 1990, 816; kritisch: **Richardi**, ZfA 1992, 320

[27] **MünchArbR-Matthes**, a.a.O., § 318 Rdn. 51

Die Regelungskompetenz der Betriebspartner erfaßt aber nicht – wie dargelegt – die Angelegenheiten, die aus dem Rahmen des Betriebsverfassungsgesetzes herausfallen. Hierzu heißt es bei Schaub[28] zutreffend:

Funktionelle Zuständigkeit

"Aus diesem Grundsatz ist abgeleitet worden, daß der Betriebsrat keine funktionelle Zuständigkeit hat,

- *in den Persönlichkeitsbereich des Arbeitnehmers einzudringen,*
- *Vorschriften über die Verwendung des Arbeitsentgelts oder der Freizeit zu erlassen,*
- *eine Verpflichtung zu begründen, an Betriebsfesten teilzunehmen,*
- *eine Verpflichtung zu schaffen, bestimmten Organisationen beizutreten und Beiträge abzuführen,*
- *ein Verbot von Nebenbeschäftigungen einzuführen, es sei denn, daß das Arbeitsverhältnis unmittelbar betroffen wird und*

Vertragsstrafen

- *Vertragsstrafen zu Lasten der Arbeitnehmer zu begründen."*

Dagegen kann im Rahmen einer Betriebsvereinbarung ein zusätzliches Entgelt für unfallfreies Fahren im Bezugszeitraum unter Festlegung weiterer anspruchsbegründender Voraussetzungen gewährt werden.[29] Unbedenklich können die Betriebspartner außerdem im Rahmen ihrer Regelungskompetenzen Vereinbarungen treffen über

Dauer der Arbeitszeit

Vorruhestand

Lohnabretungsverbot

Altersgrenzenregelung

- *die Dauer der Arbeitszeit,*[30]
- *den Eintritt in den Vorruhestand*[31] *und*
- *ein Lohnabtretungsverbot,*[32]

während es nicht ganz unumstritten ist, ob und unter welchen Voraussetzungen eine Altersgrenzenregelung Gegenstand einer Betriebsvereinbarung sein kann. Nach der Entscheidung des

---

[28] **Schaub**, a.a.O., 7. Aufl., § 231 II.5. a), S. 1683 jeweils m.w.N.
[29] **BAG** 10.1.1991 – 6 AZR 205/89 = BB 1991, 1045 = NZA 1991, 689
[30] vgl. **BAG** 18.8.1987 – 1 ABR 30/86 = DB 1987, 2257 = AP Nr. 23 zu § 77 BetrVG 1972
[31] **MünchArbR-Matthes**, a.a.O., § 318 Rdn. 52 m.w.N.
[32] **BAG** 2.6.1966 – 2 AZR 322/65 = BB 1966, 942 = AP Nr. 8 zu § 399 BGB

Großen Senats des Bundesarbeitsgerichts vom 7.11.1989[33] sind Vereinbarungen der Betriebspartner über das Ausscheiden der Arbeitnehmer aus dem Arbeitsverhältnis beim Erreichen eines bestimmten Alters grundsätzlich zulässig, wenn auch eine nachfolgende Betriebsvereinbarung gegenüber einer vertraglichen Abrede über das Ende des Arbeitsverhältnisses keine niedrigere Altersgrenze festlegen darf. Abgesehen davon stellt sich die Frage, ob die Rechtswirksamkeit einer solchen Betriebsvereinbarung über die Einführung bestimmter Altersgrenzen davon abhängig ist, daß die Arbeitnehmer/-innen zu dem betreffenden Zeitpunkt eine ausreichende Altersversorgung beanspruchen können.[34]

Im Rahmen ihrer Regelungskompetenz und damit im Rahmen ihrer Zuständigkeit sind die Betriebspartner bei der inhaltlichen Ausgestaltung der Betriebsvereinbarungen grundsätzlich frei. Diese können sowohl Rechte als auch Pflichten der Arbeitnehmer begründen.

2.2. Tarifvorbehalt gemäß § 77 Abs. 3 BetrVG

Tarifvorbehalt

2.2.1. Allgemeines

Trotz der originären umfassenden Regelungskompetenz der Betriebspartner steht deren Ausübung in der Praxis oft die Bestimmung des § 77 Abs. 3 BetrVG entgegen, wonach Arbeitsentgelte und sonstige Arbeitsbedingungen, die durch Tarifvertrag geregelt sind oder üblicherweise geregelt werden, nicht Gegenstand einer Betriebsvereinbarung sein können, soweit nicht ein Tarifvertrag den Abschluß ergänzender Betriebsvereinbarungen ausdrücklich zuläßt.

Ergänzende Betriebsvereinbarung

---

[33] **BAG** 7.11.1989 – GS 3/85 = BB 1990, 1774, 1840 = NZA 1990, 816 = AP Nr. 46 zu § 77 BetrVG 1972

[34] vgl. dazu etwa **MünchArbR-Matthes**, a.a.O., § 318 Rdn. 53 m.w.N. , der eine zusätzliche betriebliche Altersversorgung für nicht erforderlich hält und **Dietz/Richardi**, BetrVG, Bd. 2, 6. Aufl., § 77 Rdn. 88, wonach die Sozialleistungen ebenfalls betriebsvereinbarungsrechtlich geregelt sein müssen und bei Abwägung der mit der Altersgrenze verbundenen rechtlichen Nachteile mit den Vorteilen der Sozialleistungen des Betriebes insgesamt eine die Arbeitnehmer/-innen begünstigende Regelung vorliegen muß.

Beispiel für eine Zulassung von Regelungen durch Betriebsvereinbarung:

„Die Arbeitszeit beginnt und endet an der zwischen Arbeitgeber und dem Arbeitnehmer vereinbarten, bzw. Im Einvernehmen mit dem Betriebsrat bestimmten, Arbeits- oder Sammelstelle." (Rahmentarifvertrag für gewerbliche Arbeitnehmer im Dachdeckerhandwerk in der Fassung vom 06.12.1995).

Tarifautonomie

§ 77 Abs. 3 BetrVG schützt die Funktionsfähigkeit der Tarifautonomie. Den überbetrieblichen Sozialpartnern soll ein Monopol zur einheitlichen Gestaltung der Arbeitsbedingungen verschafft werden. Die Tarifpolitik der Verbände soll nicht gestört und der Streit um die materiellen Arbeitsbedingungen aus dem Betrieb ferngehalten werden.[35] Nur dann, wenn die Tarifvertragsparteien auf eine eigene Regelung von Arbeitsbedingungen verzichten und solche auch nicht länger als üblich angesehen werden können, ist ein Schutz gegen konkurrierende betriebliche Regelungen nicht mehr erforderlich. Es kommt dagegen nicht darauf an, ob und in welchem Umfang die Tarifvertragsparteien von ihrer Normsetzungsbefugnis auch tatsächlich Gebrauch machen. Insbesondere entfällt die Tarifüblichkeit auch nicht dadurch, daß es über eine längere Zeit an einer tariflichen Regelung fehlt. Im übrigen ist streitig, ob der Tarifvorbehalt des § 77 Abs. 3 BetrVG nur für Betriebsvereinbarungen über materielle Arbeitsbedingungen gilt oder ob auch die sogenannten formellen Arbeitsbedingungen erfaßt werden. Soweit der Tarifvorbehalt eingreift, sind auch günstigere Betriebsvereinbarungen unzulässig, da das Günstigkeitsprinzip im Verhältnis des Tarifvertrages zur Betriebsvereinbarung durch die Sperrwirkung des § 77 Abs. 3 BetrVG beseitigt wird.[36] Abzustellen ist auf den Tarifvertrag, unter dessen Geltungsbereich der Betrieb fällt oder bei bestehender Tarifbindung fallen würde; im übrigen kommt auch bestehenden oder üblichen Firmentarifverträgen der Tarifvorrang zu.[37]

Materielle und formelle Arbeitsbedingungen

Günstigkeitsprinzip

---

[35] **Schaub**, a.a.O., § 231 II.5. b) – S. 1683 und **MünchArbR-Matthes**, a.a.O., § 318 Rdn. 59, wonach die Betriebspartner nicht zu "Konkurrenten" der Tarifvertragsparteien werden sollen.

[36] vgl. **Dietz/Richardi**, a.a.O., § 77 Rdn. 211 m. umfangreichen w. N.

[37] **BAG** 27.1.1987 – 1 ABR 66/85 = DB 1987, 2316 = AP Nr. 42 zu § 99 BetrVG 1972 und
BAG 21.12.1982 – 1 ABR 20/81 = DB 1983, 996

2.2.2. Vorrang- oder Zweischrankentheorie – § 87 Abs. 1 Einleitungssatz BetrVG

Vorrang- oder Zweischrankentheorie

§ 77 Abs. 3 BetrVG gilt nicht für Betriebsvereinbarungen in Angelegenheiten, die nach § 87 Abs. 1 BetrVG der Mitbestimmung des Betriebsrats unterliegen.[38] Mitbestimmungsrechte des Betriebsrat nach § 87 Abs. 1 BetrVG sind nicht dadurch ausgeschlossen, daß die entsprechende mitbestimmungspflichtige Angelegenheit üblicherweise durch Tarifvertrag i.S.v. § 77 Abs. 3 BetrVG geregelt ist. In Ausübung dieses Mitbestimmungsrechts kann die mitbestimmungspflichtige Angelegenheit auch durch Betriebsvereinbarung geregelt werden. Lediglich nachwirkende Tarifverträge schließen die Mitbestimmungsrechte des Betriebsrats nach § 87 Abs. 1 BetrVG nicht aus. Eine die Mitbestimmungsrechte des Betriebsrats nach dem Eingangssatz von § 87 Abs. 1 BetrVG ausschließende tarifliche Regelung liegt dann vor, wenn der Arbeitgeber tarifgebunden ist und bei Tarifbindung auch des Arbeitnehmers die tarifliche Regelung in diesem Arbeitsverhältnis unmittelbar und zwingend gelten würde. Darauf, ob und wieviel Arbeitnehmer des Betriebs tatsächlich tarifgebunden sind, kommt es nicht an.[39] Mit dieser Entscheidung hat sich das Bundesarbeitsgericht gegen die als herrschend anzusehende sogenannte „Zweischrankentheorie" ausgesprochen, wonach die Mitbestimmungsrechte des Betriebsrats gemäß § 87 BetrVG auch dann ausgeschlossen sind, jedenfalls aber ihre Ausübung durch Abschluß einer Betriebsvereinbarung nicht zulässig ist, falls die betreffende Angelegenheit schon üblicherweise durch Tarifvertrag geregelt ist und es sich bei den mitbestimmungspflichtigen Angelegenheiten um Arbeitsbedingungen i.S.v. § 77 Abs. 3 BetrVG handelt.[40]

Nachwirkende Tarifverträge

Tarifbindung

Zweischrankentheorie

Beispiel:

Die Betriebsvereinbarung regelt eine Kürzung der tariflichen Sonderzahlung zur Standortsicherung des Betriebes.

Hier greift schon die Regelungssperre des § 77 Abs. 3 BetrVG. § 87 BetrVG greift nicht ein, da über die Lohnhö-

---

38 **BAG** 22.6.1993 – 1 ABR 62/92 = DB 1994, 234 = NZA 1994, 184

39 **BAG** 24.2.1987 – 1 ABR 18/85 = BB 1987, 1246 = NZA 1987, 639 = AP Nr. 21 zu § 77 BetrVG 1972

40 vgl. zu alledem ausführlich **Hanau**, "Betriebsvereinbarung", in seinem Beitrag unter 4., S. 98 ff. m. umfangreichen w. N.

he keine erzwingbare Mitbestimmung nach § 87 BetrVG, insbesondere nach § 87 Abs. 1 Nr. 10 besteht.

Beispiel:

Die Betriebsvereinbarung weicht von einer abschließenden tarifvertraglichen Akkordregelung ab.

Hier greift die Regelungssperre des § 87 Abs. 1 Einleitungssatz BetrVG, da der Mitbestimmungstatbestand der § 87 Abs. 1 Nr. 10 und 11 erfüllt ist.

2.2.3. Praktische Auswirkungen

Insbesondere im Rahmen der folgenden Beispiele zeigen sich die praktischen Auswirkungen des Tarifvorbehalts gemäß § 77 Abs. 3 BetrVG:

Arbeitszeit

- Arbeitszeit

  Die Dauer der individuellen regelmäßigen wöchentlichen Arbeitszeit für Betriebe, Gruppen von Arbeitnehmern oder einzelne Arbeitnehmer kann durch Betriebsvereinbarung geregelt werden, falls die Tarifvertragsparteien mit diesem Gegenstand ergänzende Betriebsvereinbarungen ausdrücklich zugelassen haben. Solche Betriebsvereinbarungen gelten unmittelbar und zwingend für alle in den Geltungsbereich der Betriebsvereinbarung fallenden Arbeitnehmer des Betriebs. Günstigere Regelungen in einzelnen Arbeitsverträgen gelten weiter. Gemäß § 87 Abs. 1 BetrVG hat der Betriebsrat nicht mitzubestimmen über die Dauer der von den Arbeitnehmern geschuldeten Arbeitszeit. Dagegen sind Betriebsvereinbarungen über die Lage der individuellen regelmäßigen wöchentlichen Arbeitszeit nach § 87 Abs. 1 Nr. 2 BetrVG zulässig.[41]

Ergänzende Betriebsvereinbarung

Arbeitszeit

- AT-Angestellte

  Ob eine tarifliche Regelung auch als Negativregelung zu bewerten ist mit der Folge, daß sie betrieblichen Regelungen über die nicht geregelte Angelegenheit entgegensteht, ist eine Frage der Auslegung. Bei der Herausnahme der

---

[41] **BAG** 18.8.1987 – 1 ABR 30/86 = DB 1987, 2257 = NJW 1988, 510

Arbeitsbedingungen der „außertariflichen Angestellten" aus der tariflichen Regelung handelt es sich nicht um eine sogenannte Negativregelung. Demgemäß können die Arbeitsbedingungen der AT-Angestellten durch Betriebsvereinbarung geregelt werden.[42]

Außertarifliche Angestellte

Beispiele:

§ 1 (Abs. 5) des Manteltarifvertrages für den Einzelhandel Nordrhein-Westfalen

„Der Tarifvertrag gilt nicht für Personen im Sinne des § 5 Abs. 2 und 3 BetrVG."

Hier sind demnach leitende Angestellte gleichzeitig außertarifliche Angestellte.

Ziffer 1 des Manteltarifvertrages für die holz- und kunststoffverarbeitende Industrie im Nord-Westdeutschen Raum der Bundesrepublik Deutschland

„Dieser Vertrag gilt: ...

persönlich:

... für Angestellte, soweit sie von den jeweiligen Gehaltstarifverträgen erfaßt werden."

Hier handelt es sich um den typischen außertariflichen Angestellten, der nach anderen Grundsätzen als den tariflichen Eingruppierungsmerkmalen vergütet wird.

- Ausschlußfristen

Tarifvorbehalt

Ausschlußfristen

Der Tarifvorbehalt in § 77 Abs. 3 BetrVG schränkt auch die Befugnis der Betriebspartner ein, in einer Betriebsvereinbarung Ausschlußfristen für die Geltendmachung von Ansprüchen aus dem Arbeitsverhältnis zu bestimmen. Auch Ausschlußfristen sind aber Arbeitsbedingungen, die nicht Gegenstand einer Betriebsvereinbarung sein können, wenn sie

---

[42] so **MünchArbR-Matthes**, a.a.O., § 318 Rdn. 62 unter Hinweis auf **BAG** 22.1.1980 – 1 ABR 48/77 = BB 1982, 432 = AP Nr. 3 zu § 87 BetrVG 1972 Lohngestaltung

durch Tarifvertrag geregelt sind oder üblicherweise geregelt werden.[43]

Beispiel für einzelvertragliche Ausschlußfrist:

Ansprüche aus dem Arbeitsverhältnis müssen von beiden Vertragsteilen spätestens innerhalb von drei Monaten nach Fälligkeit oder innerhalb eines Monats nach Beendigung schriftlich geltend gemacht werden. Andernfalls ist die Geltendmachung ausgeschlossen.

Beispiel für tarifvertragliche Ausschlußfristen:

Mantel-TV, Einzelhandel, NRW

§ 24 Verfallklausel

(1) Die Ansprüche aus dem Arbeitsverhältnis verfallen wie folgt:

a) 3 Monate nach Fälligkeit: Ansprüche auf Abgeltung der Überstunden;

b) spätestens 3 Monate nach Ende des Urlaubsjahres bzw. Beendigung des Arbeitsverhältnisses:

Ansprüche auf Urlaub, Urlaubsabgeltung und Sonderzahlungen;

c) 6 Monate nach Fälligkeit: alle übrigen aus Tarifvertrag und Arbeitsverhältnis entstandenen finanziellen Ansprüche

(2) Die Ansprüche verfallen nicht, sofern sie innerhalb der vorgenannten Fristen schriftlich geltend gemacht worden sind.

(3) Vorstehende Fristen gelten als Ausschlußfristen.

(4) Unter die Verfallklausel fallen nicht solche Ansprüche eines Arbeitgebers oder eines Arbeitnehmers gegen einen Arbeitnehmer oder Arbeitgeber, die auf eine strafbare Handlung oder eine unerlaubte Handlung gestützt wer-

---

[43] **BAG** 9.4.1991 – 1 AZR 406/90 = DB 1991, 1629 = NZA 1991, 734, unter Hinweis darauf, daß § 77 Abs. 3 BetrVG nicht nur materielle, sondern auch formelle Arbeitsbedingungen betrifft; unter Arbeitsbedingungen seien wie in § 1 Abs. 1 TVG alle Rechtsnormen zu verstehen, die den Inhalt von Arbeitsverhältnissen ordnen.

den. Für diese Ansprüche gelten die gesetzlichen Vorschriften.

- Ergänzende Regelungen

Zuständigkeit der Betriebspartner

Eröffnet ein Tarifvertrag für ergänzende Regelungen die Zuständigkeit der Betriebspartner und schließen diese eine Betriebsvereinbarung ab, die nicht von der Ermächtigung im Tarifvertrag gedeckt ist, so ist die Betriebsvereinbarung unwirksam.[44] Das Mitbestimmungsrecht des Betriebsrats ist durch den Tarifvertrag eingeschränkt, soweit dieser selbst Regelungen enthält. Es ist nicht eingeschränkt, soweit der Tarifvertrag ergänzende Betriebsvereinbarungen zuläßt.[45]

Ergänzende Betriebsvereinbarung

Beispiel:

Mantel-TV, Einzelhandel, NRW

§ 2 Arbeitszeit

Andere, davon abweichende Arbeitszeitregelungen können zwischen den Betriebspartnern vereinbart werden, sofern sie eine systematische und im voraus planbare Arbeitszeitregelung enthalten (rollierendes Freizeitsystem, feste Wochenfreizeittage, usw.).

- Fehlende Tarifbindung

Tarifbindung

Eine das Mitbestimmungsrecht des Betriebsrats nach dem Eingangssatz von § 87 Abs. 1 BetrVG ausschließende tarifliche Regelung liegt vor, wenn der Arbeitgeber tarifgebunden ist und bei Tarifbindung auch des Arbeitnehmers die tarifliche Regelung in diesem Arbeitsverhältnis unmittelbar und zwingend gelten würde. Darauf, ob und wieviel Arbeitnehmer des Betriebs tatsächlich tarifgebunden sind, kommt es nicht an.[46]

- Gratifikationszusage

Gratifikationszusage

Eine Gratifikationszusage (Treueprämie) in einer Betriebsvereinbarung ist – so wird vertreten – nichtig. Die Erweite-

---

44 **BAG** 2.12.1992 – 10 AZR 317/91 = BB 1993, 796 = NZA 1993, 660
45 **BAG** 16. 12.1986 – 1 ABR 26/85 = BB 1987, 2450 = NZA 1987, 568 und **BAG** 18.8.1987 – 1 ABR 30/86 = DB 1987, 2257 = NJW 1988, 510
46 **BAG** 24.2.1987 – 1 ABR 18/85 = BB 1987, 1246 = NZA 1987, 639 und **BAG** 20.8.1991 – 1 AZR 326/90 = BB 1992, 72 = DB 1992, 687 = NZA 1992, 225

Freiwillige Betriebsvereinbarung

rung des Handlungsrahmens des Betriebsrats und die Einschränkung des Handlungsverbots auf sogenannte "freiwillige Betriebsvereinbarungen" durch das Bundesarbeitsgericht widerspreche dem Schutzzweck des Gesetzes, das verhindern wolle, daß durch Aushandeln tarifübersteigender Arbeitsbedingungen den Gewerkschaften durch den Betriebsrat der Rang abgelaufen wird.[47]

- Üblicherweise durch Tarifvertrag geregelte Angelegenheiten

Tarifübliche Regelung

Die Tatsache, daß ein Arbeitgeber die Geltung eines Tarifvertrages, von dessen Geltungsbereich er nicht erfaßt wird, einzelvertraglich mit seinen Arbeitnehmern vereinbart, führt nicht dazu, daß in seinem Betrieb Arbeitsbedingungen i.S.d. § 77 Abs. 3 BetrVG üblicherweise tariflich geregelt sind. Die tarifliche Regelung schließt Mitbestimmungsrechte des Betriebsrats nur aus, wenn der Arbeitgeber an den Tarifvertrag gebunden ist. Eine nur tarifübliche Regelung schließt Mitbestimmungsrechte des Betriebsrats nicht aus.[48]

Beispiele für tarifübliche Regelungen:

- über die Angelegenheit wurde bereits dreimal ein Tarifvertrag geschlossen
- ein Tarifvertrag gilt, ohne wiederholten Abschluß bereits seit einigen Jahren
- es ist davon auszugehen, daß die Tarifvertragsparteien über die tariflich geregelte Angelegenheit nach Ablauf des Tarifvertrages erneut eine Regelung treffen wollen.

Nachwirkender Tarifvertrag

- Nachwirkender Tarifvertrag

Ein lediglich nachwirkender Tarifvertrag schließt Mitbestimmungsrechte des Betriebsrats nach § 87 Abs. 1 BetrVG nicht aus.[49]

---

[47] **LAG** Hamm 7.1.1988 – 10 Sa 1016/87 = BB 1989, 218
[48] **BAG** 24.11.1987 – 1 ABR 25/86 = BB 1988, 1387 = NZA 1988, 405
[49] **BAG** 24.2.1987 – 1 ABR 18/85 = BB 1987, 1246 = NZA 1987, 639 und **BAG** 20.8.1991 – 1 AZR 326/90 = Fn. 46

2.3. Höherrangiges Recht

Zwingende gesetzliche Vorschriften

Eine Begrenzung für die Gestaltung des Inhalts der Arbeitsverhältnisse durch Betriebsvereinbarungen folgt aus zwingenden gesetzlichen Vorschriften. Falls diese lediglich tarifdispositiv sind, erstreckt sich das nicht auf Betriebsvereinbarungen. Auch vom sogenannten "Richterrecht" darf eine Betriebsvereinbarung nicht abweichen. Dazu wird auf folgende Beispiele hingewiesen:

Rückzahlungsklausel

- Die Rechtsprechung des Bundesarbeitsgerichts zu den Rückzahlungsklauseln ist auch im Rahmen von Betriebsvereinbarungen zu berücksichtigen.[50]

Anwartschaften

- In nach der Rechtsprechung des Bundesarbeitsgerichts bereits entstandene Ansprüche und Anwartschaften darf eine Betriebsvereinbarung nicht eingreifen. Demgemäß können Betriebsvereinbarungen nicht bestimmen, daß bereits entstandene Rechte erlöschen und erdiente Anwartschaften entfallen sollen.[51] Dem Erlöschen bzw. dem Erlaß eines bereits entstandenen Anspruchs steht dessen Herabsetzung oder Stundung gleich.[52]

3. Rechtswirkungen der Betriebsvereinbarung

3.1. Allgemeine Grundsätze

Rechtswirkungen der Betriebsvereinbarung

Unabdingbare Wirkung

Die Rechtswirkungen der Betriebsvereinbarung sind im Gesetz nur zum Teil geregelt, z.B. in § 77 Abs. 4 und Abs. 6 BetrVG. Damit ist die herrschende Meinung in der Rechtsprechung und Literatur bestätigt worden, wonach der Betriebsvereinbarung im Grundsatz ebenso wie dem Tarifvertrag eine unabdingbare Wirkung zukommt. Gleichwohl ist die gesetzliche Regelung – so Dietz/Richardi[53] – lückenhaft und enthält redaktionelle Fehler. Zur Begründung wird zutreffend ausgeführt:

> *"Keineswegs ist zutreffend, daß Betriebsvereinbarungen stets unmittelbar und zwingend gelten, sondern die*

---

[50] vgl. **MünchArbR-Matthes**, a.a.O., § 318 Rdn. 72 unter Hinweis auf **BAG** 16.11.1967 – 5 AZR 157/67 = BB 1968, 107 = AP Nr. 63 zu § 611 BGB Gratifikation

[51] vgl. **Schaub**, a.a.O., § 231 II.5. a) – S. 1683 m.w.N. und **MünchArbR-Matthes**, a.a.O., § 318 Rdn. 72 m.w.N.

[52] **Dietz/Richardi**, a.a.O., § 77 Nr. Rdn. 81 m. umfangreichen w. N.

[53] **Dietz/Richardi**, a.a.O., § 77 Rdn. 91

Normativer Teil

Unabdingbarkeitswirkung beschränkt sich allein auf den normativen Teil der Betriebsvereinbarung. ... Außerdem sind die Rechtswirkungen nicht für alle Bestimmungen einer Betriebsvereinbarung einheitlich, sondern hängen von deren Inhalt ab. Eine dem § 4 Abs. 3 TVG entsprechende Bestimmung, nach der abweichende Abmachungen zulässig sind, soweit sie durch die Betriebsvereinbarung gestattet sind oder eine Änderung ihrer Regelung zugunsten des Arbeitnehmers enthalten, fehlt im Gesetz; doch handelt es sich insoweit lediglich um ein redaktionelles Versehen..."

Beispiel für eine Öffnungsklausel:

Rauchverbot

Es darf trotz allgemeinem Rauchverbot in den Räumen geraucht werden, für die sämtliche dort tätigen Mitarbeiter auf die Einhaltung des Rauchverbots schriftlich verzichten.

3.2. Geltungsbereich

Räumlicher und zeitlicher Geltungsbereich

In Heimarbeit Beschäftigte

Leitende Angestellte

Im Gesetz ist nicht ausdrücklich festgelegt, welche Personen von der Geltung einer Betriebsvereinbarung erfaßt werden und wie der räumliche und zeitliche Geltungsbereich einer Betriebsvereinbarung zu bestimmen ist.[54] Vom persönlichen Geltungsbereich werden alle Arbeitnehmer des Betriebes einschließlich der in Heimarbeit Beschäftigten erfaßt, nicht jedoch die leitenden Angestellten und die in § 5 Abs. 2 BetrVG aufgezählten Personen.[55] Diesbezüglich können die §§ 5 und 6 BetrVG ohne Einschränkung herangezogen werden.

Persönlicher Geltungsbereich

Der persönliche Geltungsbereich erstreckt sich insbesondere auch auf die Arbeitnehmer/-innen, die keine Kenntnis vom Inhalt der Betriebsvereinbarung haben, diese nicht für sich akzeptieren wollen oder erst nach deren Abschluß in den Betrieb eingetreten sind.[56] Unerheblich ist es, ob die Arbeitnehmer/-innen Mitglied einer Gewerkschaft sind oder auch nicht. Das gilt insbesondere auch dann, wenn die Betriebsvereinbarung in Ausführung oder zur Ergänzung eines Tarifvertrages abgeschlossen worden ist.[57]

---

54 **Brune**, a.a.O., Rdn. 345
55 **Brune**, a.a.O., Rdn. 346
56 vgl. **Brune**, a.a.O., Rdn. 347 – 349
57 **MünchArbR-Matthes**, a.a.O., § 319 Rdn. 22 m.w.N.

Nicht unumstritten ist dagegen die Frage, ob sich die Betriebsvereinbarung lediglich auf die Aktivbelegschaft oder auch auf die bereits aus dem Betrieb ausgeschiedenen Arbeitnehmer erstreckt. Die herrschende Meinung verneint diese Frage. Es fehle die Legitimation des Betriebsrats zur Vertretung der ausgeschiedenen Arbeitnehmer und insbesondere der Ruheständler, die weder an den Betriebsratswahlen teilnehmen noch ein Ausschluß- oder Auflösungsverfahren gegenüber dem Betriebsrat betreiben können.[58] Im Grundsatz ist davon auszugehen, daß ab dem Zeitpunkt des Ausscheidens an die Stelle des Anspruchs aus der Betriebsvereinbarung ein selbständiger schuldrechtlicher Anspruch gegenüber dem Arbeitgeber tritt, der über die Geltungsdauer der Betriebsvereinbarung hinaus besteht. Dies betrifft insbesondere die bereits mit einer unverfallbaren Anwartschaft ausgeschiedenen Arbeitnehmer.[59]

Ausgeschiedene Arbeitnehmer Ruheständler

Etwas anderes gilt jedoch nach ständiger Rechtsprechung des Bundesarbeitsgerichts für Sozialpläne, denen gemäß der ausdrücklichen Regelung in § 112 Abs. 1 BetrVG ebenfalls die Wirkung einer Betriebsvereinbarung zukommt. Sozialpläne kommen nämlich vielfach erst zu einem Zeitpunkt zustande, in dem die Betriebsänderung bereits durchgeführt ist und die Arbeitsverhältnisse der betroffenen Arbeitnehmer schon beendet sind. Die Rechtsprechung des Bundesarbeitsgerichts ist daher stets davon ausgegangen, ohne diese Problematik näher zu beleuchten, daß die Betriebspartner Sozialplanleistungen auch für solche Arbeitnehmer vereinbaren können, deren Arbeitsverhältnisse im Zeitpunkt des Abschlusses des Sozialplans bereits beendet sind. Selbst dann, wenn auch die Arbeitsverhältnisse der Betriebsratsmitglieder schon beendet sind, behält der Betriebsrat ein Restmandat zum Abschluß eines Sozialplans. Ein solches Restmandat wäre überflüssig, wenn der Betriebsrat für Arbeitnehmer, deren Arbeitsverhältnisse bereits beendet sind, keine Sozialplanregelungen mehr treffen könnte. In den Fällen, in denen die Arbeitsverhältnisse der Betriebsratsmitglieder beendet

Sozialplan

Restmandat

[58] so **Brune**, a.a.O., Rdn. 351 und dieselbe zum Meinungsstand Rdn. 350 und Rdn. 353

[59] **BAG** 25.10.1988 – 3 AZR 483/86 = EzA § 77 BetrVG 1972 Nr. 26 = DB 1988, 2312 und DB 1989, 1195 sowie bereits **BAG** 16.3.1956 – GS 1/55 = DB 1956, 573, 988 = AP Nr. 1 zu § 57 BetrVG 1972 sowie **v. Hoyningen/Huene**, RdA 1983, 225 ff.

sind, gibt es regelmäßig keine anderen bestehenden Arbeitsverhältnisse im Betrieb mehr.[60]

Im übrigen kann die Betriebsvereinbarung ihre Geltung auf bestimmte Gruppen von Arbeitnehmern beschränken, z.B. nur auf die Arbeiter oder die Angestellten oder die Arbeitnehmer einer bestimmten Abteilung des Betriebs.[61] Schließlich treten Betriebsvereinbarungen grundsätzlich mit ihrem Abschluß – und unabhängig von ihrer Auslegung im Betrieb – in Kraft.

Inkrafttreten

Rückwirkung

3.3. Rückwirkung

Ebenso wie die Betriebspartner den zeitlichen Geltungsbereich der Betriebsvereinbarung festlegen können, dürfen sie ihrer Regelung im Grundsatz auch rückwirkende Kraft beilegen. Erste Voraussetzung ist jedoch, daß eine solche Rückwirkung nach der Natur der Angelegenheit überhaupt noch möglich ist.[62] Während z.B.

- ein Entlohnungssystem auch noch für eine zurückliegende Zeit und
- die Berechnung der Jahresarbeitszeit auch noch für ein abgelaufenes Jahr geregelt bzw. korrigiert werden kann,[63] ist die Aufstellung allgemeiner Urlaubsgrundsätze und des Urlaubsplans sowie die Festsetzung der zeitlichen Lage des Urlaubs für einzelne Arbeitnehmer jedenfalls dann nicht mehr möglich, wenn in der Vergangenheit bereits eine – wie auch immer geartete – Abwicklung erfolgt ist. Rückwirkende Regelungen unterliegen insoweit tatsächlichen Grenzen, als sie nicht mehr Rechte und Pflichten begründen können, die nachträglich nicht mehr erfüllt werden können. Ordnungs-

Urlaubsgrundsätze, Urlaubsplan, zeitliche Lage des Urlaubs

---

60 **BAG** 16.6.1987 – 1 AZR 528/85 = BAGE 55, 344 = BB 1987, 2231 = AP Nr. 20 zu § 111 BetrVG 1972 und
BAG 10.8.1994 – 10 ABR 61/93, wonach die Befugnisse der Betriebspartner, Sozialplanleistungen für solche Arbeitnehmer zu regeln, deren Arbeitsverhältnisse bereits beendet sind, auch nicht davon abhängig sein kann, ob diese Regelungen sich zugunsten oder zu Lasten der Arbeitnehmer auswirken. Hierauf wird später noch einzugehen sein.

61 **MünchArbR-Matthes**, a.a.O., § 319 Rdn. 22

62 **Hanau**, RdA 1989, 207, 209

63 vgl. dazu **BAG** 18.10.1988 – 1 ABR 31/87 = DB 1989, 733 = NZA 1989, 396 = AP Nr. 10 zu § 81 ArbGG 1979 und
BAG 25.4.1989 – 1 ABR 82/87

und Betriebsnormen sowie Abschlußnormen können daher nicht mit rückwirkender Kraft erlassen werden.[64]

Ordnungs-, Betriebs- und Abschlußnormen

Außerdem ist bislang ganz überwiegend davon ausgegangen worden,[65] eine Rückwirkung sei nur unter der weiteren Voraussetzung möglich, daß nur diejenigen Arbeitnehmer erfaßt werden, die beim Abschluß der Betriebsvereinbarung noch zum Betrieb gehören und die Regelungen einer rückwirkenden Betriebsvereinbarung deshalb nicht für diejenigen Arbeitnehmer/-innen gelten, die im Rückwirkungszeitraum bereits aus dem Arbeitsverhältnis ausgeschieden sind.[66] Abgesehen von diesen Einschränkungen ist demnach im Grundsatz davon auszugehen, daß Betriebsvereinbarungen mit rückwirkender Kraft generell zulässig sind. Ansonsten würden insbesondere die Mitbestimmungsrechte des Betriebsrats in Angelegenheiten leerlaufen, in denen eine rechtzeitige Einigung der Betriebspartner nicht möglich oder ein Spruch der Einigungsstelle nicht rechtzeitig ergehen kann.[67] Soweit sich die Rechtsstellung der betroffenen Arbeitnehmer/-innen aufgrund der Rückwirkung der Betriebsvereinbarung ausschließlich verbessert, ist diese ganz unproblematisch.[68] Im übrigen führt Matthes[69] dazu zutreffend folgendes aus:

Ausgeschiedene Arbeitnehmer

"Bei rückwirkenden Regelungen haben die Betriebspartner jedoch diejenigen Schranken zu beachten, die auch einer rückwirkenden gesetzlichen oder tariflichen Regelung gezogen sind. Sie müssen das Vertrauen der Arbeitnehmer in den Bestand einer Regelung wahren. Rückwirkende Regelungen werden daher regelmäßig nur dann in Frage

---

64 so **Brune**, a.a.O., Rdn. 369 m.w.N.
65 vgl. dazu etwa **Dietz/Richardi**, a.a.O., § 77 Rdn. 64 m. umfangreichen w.N.
66 vgl. die Nachweise in Fn. 60 und die oben genannte Entscheidung des Zehnten Senats des **BAG** 10.8.1994 – 10 ABR 61/93 – hinsichtlich der Befugnisse der Betriebspartner zur Regelung von Sozialplanleistungen, deren Arbeitsverhältnisse bereits beendet sind. Die Auswirkungen dieser Entscheidung für die betriebliche Praxis sind noch gar nicht in ihrer Gesamtheit absehbar. Außerdem setzt sich dieser Beschluß nicht im einzelnen mit der diesbezüglichen umfassenden bisherigen Rechtsprechung und Literatur auseinander. Im übrigen wird abzuwarten sein, ob der für die Mitbestimmung in wirtschaftlichen Angelegenheiten seit dem 1.1.1995 anstelle des Zehnten wieder zuständig gewordene Erste Senat des BAG die Auffassung des Zehnten Senats gemäß der vorgenannten Entscheidung teilt.
67 **MünchArbR-Matthes**, a.a.O., § 319 Rdn. 29
68 so auch **Brune**, a.a.O., Rdn. 368 m.w.N.
69 **MünchArbR-Matthes**, a.a.O., § 319 Rdn. 30

kommen, wenn den Arbeitnehmern bekannt ist, daß noch mit einer Regelung der Angelegenheit durch die Betriebspartner zu rechnen ist, oder wenn die Wirksamkeit einer Regelung unter den Betriebspartnern umstritten ist und für den Fall der Unwirksamkeit mit einer Neuregelung gerechnet werden muß."

Nachträgliche Verschlechterung

Also kommt eine nachträgliche Verschlechterung der Rechtspositionen der Arbeitnehmer nur in engen Grenzen in Betracht, z.B. wenn die frühere Betriebsvereinbarung bereits abgelaufen war, also die Belegschaft eine Änderung der kollektivvertraglichen Ordnung voraussehen mußte.[70] Die Betriebspartner müssen nämlich wie auch die Tarifvertragsparteien oder der Gesetzgeber beim Erlaß belastender Gesetze mit Rückwirkung die insbesondere vom Bundesverfassungsgericht entwickelten Grundsätze der Verhältnismäßigkeit, des Vertrauensschutzes und der Zumutbarkeit beachten.[71]

Beispiel einer Formulierung mit Rückwirkung:

Betriebsvereinbarung

1. Der Arbeitgeber verpflichtet sich, die den Arbeitnehmern durch die bargeldlose Lohnzahlung entstehenden Bankgebühren pauschal in Höhe von 3 DM je Monat zu erstatten.

2. Die Betriebsvereinbarung tritt mit Wirkung vom 01.01.1999 in Kraft.

...., den 31.07.1999

Unmittelbare und zwingende Wirkung

Betriebliche und betriebsverfassungsrechtliche Normen

3.4. Unmittelbare und zwingende Wirkung

Gemäß § 77 Abs. 4 BetrVG gelten Betriebsvereinbarungen "unmittelbar und zwingend". Das gilt sowohl für betriebliche und betriebsverfassungsrechtliche Regelungen bzw. Normen als auch für Inhaltsnormen.[72]

---

[70] so etwa **Dietz/Richardi**, a.a.O., § 77 Rdn. 67

[71] so etwa **Dietz/Richardi**, a.a.O., § 77 Rdn. 67 und **Brune**, a.a.O., Rdn. 372 jeweils m.w.N.

[72] vgl. **Dietz/Richardi**, a.a.O., § 77 Rdn. 93 und **MünchArbR-Matthes**, a.a.O., § 319 Rdn. 24

„Unmittelbar" bedeutet – wie dargelegt –, daß die Regelungen der Betriebsvereinbarung „automatisch" auf die vom Geltungsbereich der Betriebsvereinbarung erfaßten Arbeitsverhältnisse einwirken bzw. „einstrahlen", ohne daß die Betriebsvereinbarung damit zum Inhalt des Individualarbeitsverhältnisses wird. Die Betriebsvereinbarung ist also eine Rechtsquelle, die autonomes Recht schafft.

Die zwingende Geltung bedeutet – so zutreffend Richardi[73] –, daß eine anderweitige einzelvertragliche Abmachung nicht getroffen werden kann. Sie hat vor allem Bedeutung bei den Inhaltsnormen, spielt aber auch bei den Betriebs- und Betriebsverfassungsnormen eine Rolle; sie hat hier jedoch einen anderen Charakter, weil bei diesen Normen unmittelbare Rechtsfolgen nur auf der kollektivrechtlichen Ebene eintreten.

Einstellungsrichtlinie

Beispielsweise führt ein Verstoß gegen Einstellungsrichtlinien nicht dazu, daß der ihnen zuwider geschlossene Arbeitsvertrag nichtig ist, sondern gibt dem Betriebsrat lediglich im Rahmen der ihm obliegenden Mitbestimmung das Recht, seine Zustimmung zu der Einstellung zu verweigern (§ 99 Abs. 2 Nr. 2 BetrVG). Diese zwingende Wirkung gilt aber im Grundsatz nur für diejenigen Regelungen, die zu Lasten der Arbeitnehmer/-innen vom Inhalt der Betriebsvereinbarung abweichen, ohne daß dieses gestattet ist. Eine solche Gestattung kann eine Betriebsvereinbarung ohne weiteres vorsehen. Es kann also vereinbart werden, ob und unter welchen Voraussetzungen eine Abweichung zulässig ist. Die Gestattung kann dabei Abweichungen nicht nur zugunsten, sondern auch zu Lasten der Arbeitnehmer/-innen gegenüber der Regelung in der Betriebsvereinbarung vorsehen. Der durch die Unabdingbarkeitswirkung geschaffene Vorrang der Kollektivmacht gilt nämlich für die Betriebspartner nicht zwingend, sondern hängt von ihrem Willen ab. Sie entscheiden darüber, ob die Bestimmungen der Betriebsvereinbarung unabdingbar oder lediglich dispositiv gelten sollen.

Abweichung

Normenwirkung

Weiterhin können die Betriebspartner auch darüber befinden, ob ihren Regelungen überhaupt Normenwirkung zukommen oder ob lediglich zwischen ihnen, den Betriebspartnern, eine

[73] **Dietz/Richardi**, a.a.O., § 77 Rdn. 95

Schuldrechtliche Bindung

schuldrechtliche Bindung bestehen soll.[74] Bei alledem können Betriebsvereinbarungen aber nur normativ wirken, falls sie im Rahmen der Kompetenzen der Betriebspartner wirksam abgeschlossen worden sind.[75] Entscheiden sich Arbeitgeber und Betriebsrat für den Abschluß einer Betriebsvereinbarung, so gilt diese nach Maßgabe des § 77 Abs. 4 Satz 1 BetrVG normativ.

Regelungsabrede

Es steht dem Betriebsrat aber auch frei, sein Mitbestimmungsrecht in Form einer Regelungsabrede als Instrument zur Gestaltung der Arbeitsbedingungen auszuüben.[76]

3.5. Günstigkeitsprinzip

Das Betriebsverfassungsgesetz enthält keine Regelungen darüber, ob von den Bestimmungen einer Betriebsvereinbarung zugunsten der Arbeitnehmer abgewichen werden kann. Allerdings bestand bereits zum Betriebsverfassungsgesetz 1952 die fast einhellige Auffassung, daß Abweichungen zugunsten der einzelnen Arbeitnehmer/-innen möglich sind und das Günstigkeitsprinzip für das Verhältnis zum Individualvertrag nicht nur eine Auslegungsregel, sondern eine Schranke der Kollektivmacht darstellt, so daß die Betriebsvereinbarung sich nicht selbst zweiseitig zwingenden Charakter zusprechen kann.[77]

Günstigkeitsprinzip

Schranke der Kollektivmacht

Andererseits enthält die gesetzliche Regelung über die Betriebsvereinbarung in § 77 BetrVG anders als § 4 Abs. 3 TVG keine Bestimmung des Inhalts, daß abweichende Vereinbarungen zugunsten der Arbeitnehmer zulässig sind. Daraus ist abgeleitet worden, daß im Verhältnis der Betriebsvereinbarung zum Arbeitsvertrag das Günstigkeitsprinzip jedenfalls dann nicht gilt, soweit es sich um Betriebsvereinbarungen in Angelegenheiten der erzwingbaren Mitbestimmung handelt. Abweichende Vereinbarungen müsse eine Betriebsvereinbarung ausdrücklich

---

[74] so **Dietz/Richardi**, a.a.O., § 77 Rdn. 96; vgl. auch **MünchArbR-Matthes**, a.a.O., § 319 Rdn. 26 und **Heinze**, NZA 1994, 580 ff., wonach es sich bei sämtlichen Absprachen der Betriebspartner um Verträge handelt und die Betriebspartner auch im Rahmen der erzwingbaren Mitbestimmung befugt sind, sowohl nur schuldrechtlich als auch zusätzlich normativ wirkende Betriebsvereinbarungen abzuschließen.

[75] **BAG** 12.8.1982 – 6 AZR 1117/79 = BB 1982, 2183 = NJW 1983, 68

[76] vgl. dazu im einzelnen den Beitrag von **Hanau**, "Betriebsvereinbarung", Recht und Kommunikation Nr. 24 auf S. 67 ff.

[77] so **Dietz/Richardi**, a.a.O., § 77 Rdn. 98

zulassen.[78] Überwiegend wird jedoch in der Literatur[79] und Rechtsprechung[80] die Auffassung vertreten, daß es sich beim Günstigkeitsprinzip um einen allgemeinen Rechtsgrundsatz handelt, der auch für das Verhältnis einzelvertraglicher Vereinbarungen zu den Regelungen einer Betriebsvereinbarung gelte, ohne daß § 77 Abs. 4 BetrVG dem entgegenstehe. Danach können alle arbeitsrechtlichen Gestaltungsfaktoren im Verhältnis zu rangniedrigeren Regelungen – also nicht nur der Tarifvertrag im Verhältnis zur Betriebsvereinbarung, sondern auch diese im Verhältnis zur einzelvertraglichen Regelung – Verbesserungen nicht ausschließen, sondern nur einseitig zwingendes Recht schöpfen. Daher bleiben günstigere arbeitsvertragliche Bestimmungen, die vor Abschluß einer ungünstigeren Betriebsvereinbarung vereinbart worden waren, in Kraft. Ebenso sind nach Abschluß der Betriebsvereinbarung vereinbarte günstigere Regelungen wirksam.[81]

Günstigkeitsprinzip

Tarifvertrag

Einzelvertragliche Regelung

Beispiel:

> *Im Arbeitsvertrag ist eine übertarifliche Zulage in Höhe von 3 DM je Stunde vereinbart. Die Betriebsvereinbarung führt nach ihren Verteilungsgrundsätzen für diesen Arbeitnehmer zu einer Zulage in Höhe von nur 2 DM je Stunde. Der Arbeitnehmer hat dennoch Anspruch auf eine Zulage von 3 DM entsprechend der günstigeren arbeitsvertraglichen Vereinbarung.*

---

78 vgl. dazu etwa **Hess/Schlochauer/Glaubitz**, BetrVG, 3. Aufl., § 77 Rdn. 51 und **Stege/Weinspach**, BetrVG, 7. Aufl., § 77 Rdn. 30 sowie **Leinemann**, DB 1985, 1395

79 vgl. dazu etwa die Nachweise bei **MünchArbR-Matthes**, a.a.O., § 318 Rdn. 75 unter Fn. 90 und seit der Entscheidung des Großen Senats des **BAG** 16.9.1986 – GS 1/82 = AP Nr. 17 zu § 77 BetrVG 1972 = BB 1987, 265 = NZA 1987, 168

80 vgl. dazu **BAG** 7.11.1989 – GS 3/85 = AP Nr. 46 zu § 77 BetrVG 1972 = NZA 1991, 816

81 so **Stege/Weinspach**, BetrVG, 7. Aufl., § 77 Rdn. 30

3.5.1. Wirkungsbereich

Günstigkeitsprinzip, Günstigkeitsvergleich

Zunächst stellt sich die Frage, welche Regelungen in einer Betriebsvereinbarung und in einem Arbeitsvertrag überhaupt dem Günstigkeitsprinzip und damit einem Günstigkeitsvergleich zugänglich sind. Dietz/Richardi[82] vertreten die Auffassung, ein Günstigkeitsvergleich komme bei der Regelung formeller Arbeitsbedingungen nicht in Betracht. Diese seien günstigkeitsneutral. Auch im Rahmen der materiellen Arbeitsbedingungen könne die Beurteilung der Begünstigung Schwierigkeiten bereiten. So sei im Rahmen der Mitbestimmung gemäß § 87 Abs. 1 Nr. 10 und 11 BetrVG ein Günstigkeitsvergleich insoweit ausgeschlossen, als es um die Feststellung der Normalleistung gehe, die nur richtig oder falsch, niemals aber günstiger oder ungünstiger sein könne, so daß im Rahmen des Akkordansatzes der Zeitfaktor stets günstigkeitsneutral sei. Schließlich könne bei Bestimmungen über die Beendigung des Arbeitsverhältnisses von einer Begünstigung des Arbeitnehmers nur gesprochen werden, wenn ihm gegenüber der Regelung in der Betriebsvereinbarung tatsächlich ein Vorteil eingeräumt werde.

Materielle, formelle Arbeitsbedingungen

Inhaltsnormen

Demgegenüber führt Matthes[83] aus, es gehe nicht an, daß das Günstigkeitsprinzip nur hinsichtlich materieller Arbeitsbedingungen, nicht aber bezüglich der formellen Arbeitsbedingungen gelte. Die Abgrenzung sei zum einen zu unscharf. Zum anderen sei es durchaus denkbar, daß auch formelle Arbeitsbedingungen Gegenstand eines Arbeitsvertrages sind und sich für den Arbeitnehmer/die Arbeitnehmerin durchaus als "günstiger" oder "ungünstiger" erweisen. Dementsprechend sei davon auszugehen, daß dem Günstigkeitsvergleich nur Inhaltsnormen zugänglich seien. Dabei komme es nicht darauf an, ob es sich bei diesen um materielle oder um formelle Arbeitsbedingungen handle. Es sei nämlich auch für das Verhältnis von Tarifvertrag zu Arbeitsvertrag anerkannt, daß sich der Günstigkeitsvergleich nur auf Inhaltsnormen erstrecke.[84]

Die Auffassung von Matthes verdient unseres Erachtens den Vorzug. Aus Arbeitnehmersicht ergibt sich das Verhältnis von Leistung und Gegenleistung und damit die Qualifizierung als

---

[82] **Dietz/Richardi**, a.a.O., § 77 Rdn. 104 ff.
[83] **MünchArbR-Matthes**, a.a.O., § 318 Rdn. 77
[84] **MünchArbR-Matthes**, a.a.O., § 318 Rdn. 78

„günstig" und „ungünstig" aus der Gesamtheit der Arbeitsbedingungen. Insbesondere können gerade in der heutigen Zeit günstige Arbeitszeitbedingungen – und damit formelle Arbeitsbedingungen – für die betroffenen Arbeitnehmer/-innen von ausschlaggebender Bedeutung bei der Beurteilung der „Günstigkeit" sein. Nach alledem erstreckt sich der Wirkungsbereich des Günstigkeitsprinzips auf alle Inhaltsnormen, und damit auf alle Vereinbarungen, die die Gestaltung des konkreten Arbeitsverhältnisses zum Gegenstand haben und die durch besondere, nur den einzelnen Arbeitnehmer betreffende Umstände veranlaßt sind und durch diese bestimmt werden. Also hierzu zählen etwa

Günstigkeitsprinzip

- eine individuelle Arbeitszeitvereinbarung,
- eine Regelung über die Lage des Urlaubs,
- die Zahlung des Arbeitsentgelts und
- die Übernahme der Kosten für die Arbeitskleidung und deren Reinigung.[85]

3.5.2. Durchführung des Günstigkeitsvergleichs

Die Anwendung des Günstigkeitsprinzips setzt einen Vergleich der zu beurteilenden Regelungen voraus. Zur Durchführung dieses Vergleichs muß der Beurteiler zunächst wissen, was miteinander zu vergleichen ist. Sodann stellt sich die Frage, nach welchem Maßstab sich die „Günstigkeit" beurteilt, ob also auf das Wohl des einzelnen Arbeitnehmers oder auf die Begünstigung der gesamten Belegschaft abzustellen ist.[86]

Günstigkeitsprinzip

Grundsätzlich ist bei der Durchführung des Günstigkeitsvergleichs nur auf das Wohl des einzelnen Arbeitnehmers abzustellen (sogenannter individueller Günstigkeitsvergleich).[87] Handelt es sich jedoch um vertraglich begründete Ansprüche der Arbeitnehmer auf Sozialleistungen, die auf eine vom Arbeitgeber gesetzte Einheitsregelung oder eine Gesamtzusage zurückgehen, so können diese nur dann durch eine nachfolgende Betriebsvereinbarung in den Grenzen von Recht und Billigkeit be-

Günstigkeitsvergleich, individueller Günstigkeitsvergleich

Sozialleistungen

Einheitsregelung, Gesamtzusage

85 so **MünchArbR-Matthes**, a.a.O., § 318 Rdn. 80 m.w.N.
86 so **Brune**, a.a.O., Rdn. 382
87 so **Brune**, a.a.O., Rdn. 383 m.w.N.

Kollektiver Günstigkeitsvergleich

schränkt werden, wenn die Neuregelung insgesamt und bei kollektiver Betrachtung nicht ungünstiger ist (sogenannter kollektiver Günstigkeitsvergleich).[88]

Gesamtvergleich

Diese Entscheidung ist auf dezidierte Kritik gestoßen.[89] Abgesehen von diesem Streitpunkt ist der Vergleichsgegenstand nicht isoliert zu betrachten. Vielmehr müssen die gesamten Regelungskomplexe einander im Rahmen eines sogenannten Gesamtvergleichs gegenübergestellt werden. Damit scheidet eine isolierte – zum Teil auch als "Rosinentheorie" bezeichnete – Vergleichsmethode aus. Falls eine Sachgruppenbildung notwendig ist, ist in erster Linie auf den Parteiwillen und in zweiter Linie auf den sich aus der Natur der Sache ergebenden Zusammenhang abzustellen. Schließlich steht auch noch im Streit, ob die Arbeitsvertragsparteien befugt sind, einzelne schlechtere Arbeitsbedingungen dadurch zu kompensieren, daß gleichzeitig einzelvertraglich bessere als in der Betriebsvereinbarung enthaltene Arbeitsbedingungen gewährt werden. Mit Brune ist jedoch davon auszugehen, daß eine Kompensationsmöglichkeit jedenfalls dann ausscheidet, wenn sie nicht in der Betriebsvereinbarung selbst bereits gestattet ist, weil sich kein sicherer Maßstab finden läßt, nach dem beurteilt werden könnte, daß die Unterschreitung der Betriebsvereinbarung an einer Stelle tatsächlich durch die Gewährung von über die Betriebsvereinbarung hinausgehenden Vorteilen an anderer Stelle ausgeglichen wird.[90]

Betriebsvereinbarungsoffene Arbeitsverträge

3.5.3. Betriebsvereinbarungsoffene Arbeitsverträge

Günstigkeitsprinzip

Das Günstigkeitsprinzip gilt nicht gegenüber arbeitsvertraglichen Vereinbarungen, die von vornherein unter dem Vorbehalt einer Regelung durch Betriebsvereinbarung stehen. Derartige Vorbehalte sollten auch zur Vermeidung von Auslegungsstreiten ausdrücklich vereinbart werden, indem im jeweiligen Arbeitsvertrag auf bestehende oder jeweilige Betriebsvereinbarungen ausdrücklich verwiesen wird. Ob nämlich ein bloßer Verweis auf

---

[88] so **BAG** 16.9.1986 – GS 1/82 = AP Nr. 17 zu § 77 BetrVG 1972 = NZA 1987, 168

[89] vgl. etwa ausführlich **MünchArbR-Matthes**, a.a.O., § 318 Rdn. 83 ff. m. umfangreichen w. N.

[90] so jeweils mit ausführlicher Begründung sowohl betreffend Vergleichsgegenstand als auch Kompensation **Brune**, a.a.O., Rdn. 385 – 389

„betriebliche Regelungen" auch Gesamtzusagen oder arbeitsvertragliche Einheitsregelungen einer Änderung durch Betriebsvereinbarung zugänglich macht, ist nämlich eine Frage der Auslegung, die stets der Gefahr unterliegt, im Interesse der Aufrechterhaltung und Gewährleistung einer praktikablen betrieblichen Ordnung eine Betriebsvereinbarungsoffenheit anzunehmen und diese damit letztlich zu fingieren.[91] Im Ergebnis hat es die Wirkung eines betriebsvereinbarungsoffenen Arbeitsvertrages, wenn dieser unter einem Widerrufsvorbehalt abgeschlossen worden ist. Die Ausübung des Widerrufs bewirkt nämlich den Wegfall der vertraglichen Anspruchsgrundlage. Aufgrund dessen stellt sich für eine nachfolgende Betriebsvereinbarung selbst dann nicht mehr die Frage nach dem Günstigkeitsvergleich, wenn diese gegenüber dem vorangegangenen Arbeitsvertrag ungünstiger ist.

Gesamtzusagen, arbeitsvertragliche Einheitsregelung

Widerrufsvorbehalt

Günstigkeitsvergleich

Beispiel für Öffnungsklausel im Arbeitsvertrag:

Öffnungsklausel

Der Arbeitnehmer erhält eine übertarifliche monatliche Zulage in Höhe von 300 DM. Sollte sich aus der Änderung des Verteilungsmaßstabes durch eine Betriebsvereinbarung eine andere auch für den Arbeitnehmer ungünstigere Zulagenhöhe ergeben, gilt diese.

3.6. Ausgewählte Entscheidungen

- Änderung des Arbeitsvertrages:

  Soweit es sich nicht um arbeitsvertragliche Ansprüche auf Sozialleistungen handelt, die auf einer arbeitsvertraglichen Einheitsregelung, einer Gesamtzusage oder einer betrieblichen Übung beruhen, kommt einer Betriebsvereinbarung gegenüber arbeitsvertraglichen Vereinbarungen keine ablösende Wirkung in dem Sinne zu, daß die Normen der Betriebsvereinbarung an die Stelle der vertraglichen Vereinbarung treten. Durch eine Betriebsvereinbarung kann der Inhalt des Arbeitsvertrages nicht geändert werden. Soweit Normen einer Betriebsvereinbarung für den Arbeitnehmer günstiger sind als die arbeitsvertragliche Vereinbarung, verdrängen sie

Arbeitsvertragliche Einheitsregelung, Gesamtzusage, betriebliche Übung

Ablösende Wirkung

[91] so **MünchArbR-Matthes**, a.a.O., § 318 Rdn. 87 m.w.N.

diese lediglich für die Dauer ihrer Wirkung, machen sie aber nicht nichtig.[92]

Beispiel:

Im Arbeitsvertrag heißt es: Es finden die Tarifverträge für den Öffentlichen Dienst Anwendung. In einer zeitlich später abgeschlossenen Betriebsvereinbarung heißt es: Es finden auf die Arbeitsverhältnisse die Metalltarifverträge Anwendung.

Die für die Arbeitnehmer günstigeren Metalltarifverträge verdrängen für die Dauer der Geltung der Betriebsvereinbarung die arbeitsvertraglich vereinbarte Geltung der Tarifverträge für den Öffentlichen Dienst. Nach Beendigung der Betriebsvereinbarung gelten wieder nach der arbeitsvertraglichen Vereinbarung die Tarifverträge für den Öffentlichen Dienst.

- Änderung von Rechten:

Sollen Rechte eines Arbeitnehmers durch eine Betriebsvereinbarung geändert werden, so bedarf es dazu jedenfalls einer ausdrücklichen Regelung in der Betriebsvereinbarung.[93]

Beispiel:

Die Arbeitnehmer erhalten ohne arbeitsvertragliche Vereinbarung seit Jahren die Arbeitskleidung kostenlos gestellt. Der Arbeitgeber trägt auch die Reinigungskosten. Durch eine neue Betriebsvereinbarung ist der Kreis der insoweit Anspruchsberechtigten eingeschränkt worden. Der Arbeitnehmer A gehört hierzu nicht.

Da er aber in der Betriebsvereinbarung nicht ausdrücklich ausgeschlossen worden ist., kann die Betriebsvereinbarung ihm gegenüber auch keine ablösende Wirkung entfalten.

- Altersgrenzen:

Günstigkeitsprinzip Altersgrenzen

Das Günstigkeitsprinzip gilt auch für das Verhältnis von vertraglichen Regelungen, z.B. über Altersgrenzen, zu den In-

---

92 **BAG** 21.9.1989 – 1 AZR 454/88 = BB 1990, 355, 994 = DB 1990, 692

93 **BAG** 4.3.1982 – 6 AZR 594/79 = BB 1982, 1421 = DB 1982, 1829 = EzA § 77 BetrVG 1972 Nr. 10

haltsnormen einer Betriebsvereinbarung. Demgemäß kann bei einer vertraglichen Abrede über das Ende des Arbeitsverhältnisses mit Erreichen einer bestimmten Altersgrenze durch eine nachfolgende Betriebsvereinbarung keine niedrigere Altersgrenze festgelegt werden. Demgemäß bleiben günstigere arbeitsvertragliche Bestimmungen, die vor Ablauf der Betriebsvereinbarung vereinbart worden waren, jedenfalls im Grundsatz wirksam.[94]

Altersgrenze

Im übrigen ist eine Betriebsvereinbarung, nach der die Arbeitsverhältnisse ohne Kündigung mit Ablauf des Monats endet, in dem die Arbeitnehmer das 65. Lebensjahr vollendet haben, dahingehend auszulegen, daß das Arbeitsverhältnis bei Erreichen der vorgesehenen Altersgrenze vorbehaltlos nur enden soll, wenn der betroffene Arbeitnehmer zu diesem Zeitpunkt auch ein gesetzliches Altersruhegeld zu beanspruchen hat. Die Wirksamkeit einer Altersgrenze dieses Inhalts ist nicht davon abhängig, ob zusätzlich eine auf die Altersgrenze abgestellte betriebliche Altersversorgung besteht. Wird eine Altersgrenze für die Beendigung des Arbeitsverhältnisses erstmals durch eine Betriebsvereinbarung eingeführt, dann wirkt sie auch zuungunsten der Arbeitnehmer, die auf unbestimmte Zeit eingestellt worden sind, wenn die Arbeitsverträge unter dem Vorbehalt späterer Betriebsvereinbarungen stehen, d.h. „betriebsvereinbarungsoffen" ausgestaltet worden sind.[95]

Beispiel einer arbeitsvertraglichen Formulierung:

> *Das Arbeitsverhältnis endet, ohne daß es einer Kündigung bedarf, mit Zustellung des Bescheides über die Gewährung der gesetzlichen Altersrente.*

- Arbeitszeit:

Arbeitszeit

Vereinbaren Arbeitgeber und Arbeitnehmer bei Abschluß des Arbeitsvertrages die zu diesem Zeitpunkt im Betrieb geltende Regelung über Beginn und Ende der täglichen Ar-

[94] **BAG** 16.9.1986 – GS 1/82 = BB 1987, 265 = DB 1987, 383 = NZA 1987, 168 = EzA § 77 BetrVG 1972 Nr. 17 und **BAG** 7.11.1989 – GS 3/85 = BB 1990, 1774 = DB 1990, 1715, 1724 = AP Nr. 46 zu § 77 BetrVG 1972

[95] **BAG** 20.11.1987 – 2 AZR 284/86 = BB 1988, 1820 = DB 1988, 1501 = NZA 1988, 617 = EzA § 620 BGB Altersgrenze Nr. 1

beitszeit und die Verteilung der Arbeitszeit auf die einzelnen Wochentage, liegt darin keine individuelle Arbeitszeitvereinbarung, die gegenüber einer späteren Veränderung der betrieblichen Arbeitszeit durch Betriebsvereinbarung Bestand hat. Inhalt einer solchen Vereinbarung ist vielmehr lediglich, daß die vereinbarte Arbeitsleistung zu den jeweiligen wirksam bestimmten betrieblichen Arbeitszeiten zu erbringen ist.[96]

Beispiel einer klaren Formulierung im Arbeitsvertrag:

> *Die Verteilung der Arbeitszeit ergibt sich aus der jeweils geltenden Betriebsvereinbarung. Danach verteilt sich derzeit die wöchentliche Arbeitszeit wie folgt:*
>
> ***1. Verteilung auf Wochentage***
>
> *Die regelmäßige wöchentliche Arbeitszeit von 40 Stunden wird auf die Werktage Montag bis Freitag verteilt. Die regelmäßige tägliche Arbeitszeit beträgt 8 Stunden ohne Pausen.*
>
> ***2. Beginn und Ende der Arbeitszeit***
>
> *Die tägliche Arbeitszeit beginnt um 8 Uhr und endet um 17 Uhr. Einschließlich unbezahlter Pausen.*

Betriebliche Übung

- Betriebliche Übung:

  Vergütet der Arbeitgeber in der Vergangenheit seinen Arbeitnehmern aufgrund betrieblicher Übung eine Pause und tritt nach einer Betriebsvereinbarung an die Stelle dieser Vergütung eine Lohnzulage, lebt nach einer Kündigung der Betriebsvereinbarung der Anspruch auf die bezahlte Pause wieder auf.[97]

Kollektiver Günstigkeitsvergleich

Sozialleistungen, gesetzte Einheitsregelung, Gesamtzusage

- Kollektiver Günstigkeitsvergleich:

  Vertraglich begründete Ansprüche der Arbeitnehmer auf Sozialleistungen, die auf eine vom Arbeitgeber gesetzte Einheitsregelung oder eine Gesamtzusage zurückgehen, können durch eine nachfolgende Betriebsvereinbarung in den Grenzen von Recht und Billigkeit beschränkt werden, wenn

---

96 **BAG** 23.6.1992 – 1 AZR 57/92 = BB 1992, 2147 = DB 1993, 788 = NZA 1993, 89

97 **BAG** 24.3.1992 – 1 AZR 267/91

die Neuregelung insgesamt bei kollektiver Betrachtung nicht ungünstiger ist. Ist demgegenüber die nachfolgende Betriebsvereinbarung insgesamt ungünstiger, ist sie nur zulässig, soweit der Arbeitgeber wegen eines vorbehaltenen Widerrufs oder Wegfalls der Geschäftsgrundlage die Kürzung oder Streichung der Sozialleistungen verlangen kann. Es kommt nicht darauf an, ob die in einer solchen Betriebsvereinbarung geregelten Angelegenheiten der erzwingbaren Mitbestimmung unterliegen (§ 87 Abs. 1 BetrVG) oder nur als freiwillige Betriebsvereinbarungen (§ 88 BetrVG) zustande kommen.[98]

Widerruf, Wegfall der Geschäftsgrundlage

Beispiel:

Der Arbeitgeber gewährt aufgrund von ihm herausgegebenen Richtlinien u. a. bei 10jährigen Dienstjubiläen eine Zuwendung in Höhe von 75 v. H. eines Monatslohns sowie einen freien bezahlten Tag. Nach der neuen Betriebsvereinbarung entfallen die Zuwendungen aus Anlaß des 10jährigen Dienstjubiläums. Zuwendungen werden nur noch aus Anlaß der 25-, 40- und 50jährigen Arbeitsjubiläen gewährt. In den Schlußbestimmungen heißt es u.a.

„Diese Vereinbarung tritt an die Stelle betrieblicher und überbetrieblicher Regelungen in bezug auf Arbeitsjubiläen."

- Ruheständler:

Ruheständler

Eine Betriebsvereinbarung kann nicht die Rechte derjenigen Pensionäre beschneiden, die sich zum Zeitpunkt des Zustandekommens der Neuregelung bereits im Ruhestand befinden.[99] Mit seinem Ausscheiden erwirbt der Arbeitnehmer, dessen Ansprüche auf einer Betriebsvereinbarung beruhten, gegen den Arbeitgeber einen selbständig-schuldrechtlichen Anspruch, der über die Geltungsdauer der Betriebsvereinbarung hinaus besteht.[100]

---

[98] **BAG** 16.9.1986 – GS 1/82 = BB 1987, 265 = DB 1987, 383 = NZA 1987, 168 = EzA § 77 BetrVG 1972 Nr. 17

[99] **BAG** 18.5.1977 – 3 AZR 371/76 = BB 1977, 1353 = DB 1977, 1655 = EzA § 242 BGB Ruhegeld Nr. 65

[100] **BAG** 25.10.1988 – 3 AZR 483/86 = BB 1989, 1548 = DB 1988, 2312 = NZA 1989, 522 = EzA § 77 BetrVG Nr. 26;
vgl. aber jetzt **BAG** 10.8.1994 – 10 ABR 61/93 = Fn. 66

Vertrauensschutz

- Vertrauensschutz:

  Der aus dem Rechtsstaatsprinzip abzuleitende Verfassungsgrundsatz des Vertrauensschutzes setzt der richterlichen Rechtsanwendung Grenzen, die im Einzelfall nach den jeweiligen sachlichen Gegebenheiten zu konkretisieren ist. Dies gilt insbesondere für die rückwirkende Anwendung richterrechtlich entwickelter Rechtssätze. Wurden vor der Entscheidung des Großen Senats des Bundesarbeitsgerichts vom 16.9.1986[101] auf vertraglicher Grundlage eingeführte betriebliche Versorgungsordnungen durch Betriebsvereinbarungen abgelöst und die Rechte der Arbeitnehmer insgesamt bei kollektiver Betrachtung verschlechtert, so kann im Einzelfall die Wirksamkeit der Neuregelung zu bejahen sein, wenn die Betriebspartner auf die Geeignetheit des Ablösungsmittels (Betriebsvereinbarung) vertrauen durften und die Neuregelung ihrerseits einer inhaltlichen Kontrolle unter den Gesichtspunkten der Verhältnismäßigkeit und des Vertrauensschutzes standhält. Jedenfalls bis zum Bekanntwerden des Urteils des Sechsten Senats des Bundesarbeitsgerichts vom 12.8.1982[102] durften die Betriebspartner davon ausgehen, daß eine Betriebsvereinbarung ein geeignetes rechtliches Mittel sei, eine auf einer Gesamtzusage oder vertraglichen Einheitsregelung beruhende (vertragliche) Versorgungsregelung abzulösen und insgesamt ungünstiger zu gestalten.[103]

Gesamtzusage, vertragliche Einheitsregelung

4. Verlust von Ansprüchen

Verzicht

Werden Arbeitnehmern durch eine Betriebsvereinbarung Rechte eingeräumt, so ist ein Verzicht auf diese nur mit Zustimmung des Betriebsrats zulässig. Die Verwirkung dieser Rechte ist ausgeschlossen. Ausschlußfristen für ihre Geltendmachung sind nur insoweit zulässig, als sie in einem Tarifvertrag oder einer Betriebsvereinbarung vereinbart werden; dasselbe gilt für die Abkürzung der Verjährungsfristen (§ 77 Abs. 4 Satz 2 – 4 BetrVG).

---

101 **BAG** 16.9.1986 – GS 1/82 = Fn. 98

102 **BAG** 12.8.1982 – 6 AZR 1117/79 = BB 1982, 2183 = DB 1982, 2298 = AP Nr. 4 zu § 77 BetrVG 1972

103 **BAG** 20.11.1990 – 3 AZR 573/89 = BB 1991, 1126 = DB 1991, 915 = NZA 1991, 477 = EzA § 77 BetrVG 1972 Nr. 38

4.1. Verzicht

Verzicht

Soweit nach der vorgenannten Bestimmung Rechte unverzichtbar sind, werden davon sowohl bereits entstandene als auch künftige Rechte erfaßt, jedoch nicht solche Ansprüche, die lediglich auf einer nur noch weitergeltenden Betriebsvereinbarung beruhen, weil in einem solchen Fall die Regelungen der Betriebsvereinbarung auch durch eine Parteivereinbarung abbedungen werden können. Im übrigen kommt es nicht darauf an, ob der Verzicht bereits während oder erst im Anschluß an das beendete Arbeitsverhältnis ausgesprochen wird.[104]

Verzichtserklärung

Anerkenntnis

Der Arbeitnehmer/die Arbeitnehmerin kann insbesondere auch nicht im Rahmen eines anhängigen Rechtsstreits ohne die Zustimmung des Betriebsrats auf die durch Betriebsvereinbarung eingeräumten Rechte durch Verzichtserklärung nach § 306 ZPO oder durch Anerkenntnis des negativen Feststellungsbegehrens gemäß § 307 ZPO wirksam verzichten. Verzicht und Anerkenntnis beziehen sich zwar nur auf den prozessualen Anspruch, sind also reine Prozeßhandlungen, deren Wirksamkeit sich ausschließlich nach dem Prozeßrecht richtet. Voraussetzung für diesen prozessualen Anspruch muß aber stets eine entsprechende Rechtsbehauptung sein, weil die Prozeßparteien Rechtsfolgen nur aufgrund materieller Rechte herbeiführen können.[105] Dagegen ist es ohne Verstoß gegen § 77 Abs. 4 Satz 2 BetrVG möglich, daß der Arbeitnehmer/die Arbeitnehmerin die Klage gemäß § 269 ZPO zurücknimmt. Im Gegensatz zur Verzichtserklärung nach § 306 ZPO oder zum Anerkenntnis gemäß § 307 ZPO wird im Rahmen einer Klagerücknahme nur das Rechtsschutzbegehren fallengelassen. Auch gegen eine Verpflichtung zur Klagerücknahme bestehen keine Bedenken, wenn mit ihr nicht ein Verzicht auf den geltend gemachten Anspruch verbunden wird, was z.B. der Fall ist, wenn auf die Klage und damit die zugrunde liegende Forderung unwiderruflich verzichtet wird.[106]

Klagerücknahme

Erlaßvertrag

Der Verzichtserklärung gemäß § 306 ZPO oder dem Anerkenntnis des negativen Feststellungsbegehrens gemäß § 307 ZPO steht der Abschluß eines Erlaßvertrages gleich.[107] Nichts ande-

[104] **Brune**, a.a.O., Rdn. 434 – 436
[105] **Dietz/Richardi**, a.a.O., § 77 Rdn. 128
[106] vgl. **Dietz/Richardi**, a.a.O., § 77 Rdn. 128
[107] **MünchArbR-Matthes**, a.a.O., § 319 Rdn. 32

res gilt für den Abschluß eines Vergleichs, und zwar unabhängig davon, ob es sich bei diesem um einen gerichtlichen oder um einen außergerichtlichen Vergleich handelt.[108] Dagegen werden vom Verzichtsverbot nicht erfaßt:

Tatsachenvergleich

- Meinungsverschiedenheiten über die tatsächlichen Voraussetzungen eines durch Betriebsvereinbarung geschaffenen Anspruchs, die durch Vereinbarung zwischen Arbeitgeber und Arbeitnehmer oder dadurch endgültig beigelegt werden, daß diese beiden Personen im Wege des gegenseitigen Nachgebens einen reinen Tatsachenvergleich schließen.[109] Ob tatsächlich ein sogenannter Tatsachenvergleich vorliegt, ist vom Arbeitsgericht ggf. zu prüfen. Brune[110] führt aus, hier sei ein strenger Maßstab anzulegen. Im Zweifel müsse davon ausgegangen werden, daß ein Vergleich, der im Ergebnis Arbeitnehmerrechte aus einer Betriebsvereinbarung schmälere, der Zustimmung des Betriebsrats bedürfe, die wiederum einen entsprechenden Beschluß durch den Betriebsrat voraussetze.[111]

  Beispiel für unzulässige Verzichtsvereinbarung:

  > *Arbeitnehmer und Arbeitgeber sind sich darüber einig, daß der Arbeitnehmer die Jubiläumszuwendung wegen der schlechten wirtschaftlichen Lage des Unternehmens nicht in Anspruch nimmt.*

  Beispiel für die zulässige Formulierung eines Tatsachenvergleichs:

  > *Arbeitnehmer und Arbeitgeber sind sich darüber einig, daß der Anspruch auf Sonderurlaub aus der Betriebsvereinbarung erfüllt ist.*

- Keinen Verzicht bedeutet es, wenn der Arbeitnehmer/die Arbeitnehmerin mit einer Verkürzung der Arbeitszeit einverstanden ist. Hier ist allerdings zu beachten, daß ein Mitbe-

---

108 **MünchArbR-Matthes**, a.a.O., § 319 Rdn. 32; **Brune**, a.a.O., Rdn. 436; **Dietz/Richardi**, a.a.O., § 77 Rdn. 131, wonach es keine Rolle spielt, ob es sich um einen Prozeß- oder um einen außergerichtlichen Vergleich handelt. Fehle die Zustimmung des Betriebsrats, so habe der Prozeßvergleich auch keine prozeßbeendigende Wirkung.

109 **Dietz/Richardi**, a.a.O., § 77 Rdn. 132; **MünchArbR-Matthes**, a.a.O., § 319 Rdn. 32

110 **Brune**, a.a.O., Rdn. 439

111 **Brune**, a.a.O., Rdn. 439

stimmungsrecht des Betriebsrats gemäß § 87 Abs. 1 Nr. 3 BetrVG besteht.

- Außerdem liegt kein Verzicht vor, wenn Arbeitgeber und Arbeitnehmer sich über die Auflösung des Arbeitsverhältnisses einigen, und zwar auch dann nicht, wenn sie die in einer Betriebsvereinbarung vorgesehenen Kündigungsfristen nicht einhalten.[112] Mithin sind sämtliche Vereinbarungen der Arbeitsvertragsparteien über die Auflösung bzw. Beendigung des Arbeitsverhältnisses selbst dann zulässig, wenn die in einer Betriebsvereinbarung vorgesehenen Kündigungsfristen nicht eingehalten werden.[113]

Beendigung des Arbeitsverhältnisses

Fraglich ist es, ob der Verzicht für jeden einzelnen Arbeitnehmer abgegeben werden muß oder bereits in der Betriebsvereinbarung geregelt werden kann.

Beispiel:

Mitarbeiter, welche die Leistungszulage erhalten, können hierauf jederzeit mit Wirkung zum Ende des Leistungsjahres verzichten.

4.2. Verwirkung

Der Gesetzestext stellt klar, daß nur die Rechte des Arbeitnehmers, nicht aber die Rechte des Arbeitgebers aus der Betriebsvereinbarung unter das Verwirkungsverbot fallen.

Verwirkung

Der Begriff der Verwirkung ist ebenso wie in § 4 Abs. 4 Satz 2 TVG zu verstehen. Es soll lediglich ausgeschlossen werden, daß der Arbeitnehmer seinen Anspruch bereits bei illoyaler Verspätung der Geltendmachung verliert, bevor die Verjährungsfrist oder eine in der Betriebsvereinbarung festgelegte Ausschlußfrist abgelaufen ist. Das schließt nicht aus, die Geltendmachung des Anspruchs aus anderen Rechtsgründen als unzulässige Rechtsausübung zu qualifizieren. Der Einwand des Rechtsmißbrauchs kann demnach nicht darauf gestützt werden, der Anspruch sei während längerer Zeit nicht geltend gemacht worden, so daß der Arbeitgeber sich nach Treu und Glauben habe darauf einrichten können, der Anspruch werde arbeitnehmerseitig

Rechtsmißbrauch

Treu und Glauben

---

112 **Dietz/Richardi**, a.a.O., § 77 Rdn. 127
113 **Brune**, a.a.O., Rdn. 441

nicht mehr geltend gemacht, sondern es müsse sich darum handeln, daß "die Geltendmachung der Ansprüche im Hinblick auf das bisherige Verhalten des Gläubigers so sehr den Grundsätzen von Treu und Glauben und dem Anstandsgefühl aller billig und gerecht Denkenden widerspricht, daß es nicht angängig erscheint, der Geltendmachung der Ansprüche Rechtsschutz zu gewähren".[114] Ebenso wie beim Verzicht betrifft der Ausschluß der Verwirkung nur die Rechte der Arbeitnehmer, nicht dagegen diejenigen des Arbeitgebers.

4.3. Geltendmachung

Ausschluß-fristen

Ausschlußfristen für Arbeitnehmerrechte aus einer Betriebsvereinbarung können nur durch die Betriebsvereinbarung selbst oder durch einen Tarifvertrag vorgesehen werden.[115]

Sind Ausschlußfristen bereits tariflich geregelt, entfällt unter den Voraussetzungen des § 77 Abs. 3 BetrVG die Möglichkeit, in einer Betriebsvereinbarung Ausschlußfristen aufzunehmen. Werden Ausschlußfristen nämlich zulässigerweise vereinbart, erstrecken sich diese im Zweifel auch auf die gesetzlichen und einzelvertraglichen Ansprüche.[116]

Gesetzliche Verjährungsfristen

Für die von der Vereinbarung von Ausschlußfristen unbedingt zu unterscheidenden Verjährungsfristen gilt nichts anderes. Matthes[117] führt zutreffend aus, was "für die Vereinbarung von Ausschlußfristen in einer Betriebsvereinbarung gelte, gilt auch für die Abkürzung gesetzlicher Verjährungsfristen". Außerdem ist im Zweifel anzunehmen, daß die Ausschlußfristen oder die Abkürzung der Verjährungsfrist auch Ansprüche erfaßt, soweit diese auf einer einzelvertraglichen Abmachung beruhen, die zugunsten des Arbeitnehmers/der Arbeitnehmerin von den Bestimmungen einer Betriebsvereinbarung abweicht.

Problematisch ist es aber, ob in die Betriebsvereinbarung eine Klausel aufgenommen werden kann, nach der alle Ansprüche aus dem Arbeitsverhältnis innerhalb einer Ausschlußfrist geltend gemacht werden müssen. Eine derartige Bestimmung gilt jeden-

---

[114] **Dietz/Richardi**, a.a.O., § 77 Rdn. 133 unter Hinweis auf **BAG** AP Nr. 114 zu § 1 TVG Auslegung, Bl. 5
[115] **MünchArbR-Matthes**, a.a.O., § 319 Rdn. 33
[116] **MünchArbR-Matthes**, a.a.O., § 319 Rdn. 33
[117] **MünchArbR-Matthes**, a.a.O., § 319 Rdn. 33

falls nicht für tarifliche Rechte, für deren Geltendmachung Ausschlußfristen nach § 4 Abs. 4 Satz 3 TVG nur im Rahmen eines Tarifvertrages vereinbart werden können. Nach Auffassung des Bundesarbeitsgerichts kann nämlich ein Tarifvertrag Ausschlußfristen auch auf unabdingbare gesetzliche Ansprüche erstrekken.[118] Dazu heißt es bei Dietz/Richardi[119] aber ausdrücklich: "Die Betriebsvereinbarung kann aber nicht eine Ordnungsfunktion in dem gleichen Umfang wie ein Tarifvertrag entfalten. Deshalb kann sie nicht generell für gesetzliche und einzelvertragliche Ansprüche aus dem Arbeitsverhältnis Ausschlußfristen festlegen oder die gesetzlichen Kündigungsfristen abkürzen".

Tarifliche Rechte

Beispiel für eine Ausschlußfrist in einer Betriebsvereinbarung:

> *Ansprüche von Arbeitnehmern oder vom Arbeitgeber aus dieser Betriebsvereinbarung müssen spätestens innerhalb von drei Monaten nach Fälligkeit schriftlich geltend gemacht werden. Andernfalls ist die Geltendmachung ausgeschlossen.*

5. Beendigung, Nachwirkung und Ablösung

Beendigung, Ablauf einer Betriebsvereinbarung

Nachwirkung

Mit der Beendigung oder dem Ablauf einer Betriebsvereinbarung verlieren deren Regelungen ihre zwingende Wirkung. Ob zugleich auch die unmittelbare Geltung der Betriebsvereinbarung endet, ist eine Frage der Nachwirkung, die in § 77 Abs. 6 BetrVG geregelt ist.[120] Danach ist zwischen Beendigung und Nachwirkung der Betriebsvereinbarung zu unterscheiden.

5.1. Beendigung

Es sind verschiedene Beendigungstatbestände zu unterscheiden:

---

118 vgl. dazu etwa die Nachweise bei **Dietz/Richardi**, a.a.O., § 77 Rdn. 135
119 **Dietz/Richardi**, a.a.O., § 77 Rdn. 135
120 **Brune**, a.a.O., Rdn. 394

5.1.1. Aufhebung

Aufhebungsvertrag

Die Betriebsvereinbarung kann jederzeit einvernehmlich aufgehoben werden. Der Aufhebungsvertrag bedarf nicht der für die Betriebsvereinbarung nach § 77 Abs. 2 BetrVG vorgesehenen Form.[121] Die bisherige Betriebsvereinbarung kann auch dadurch aufgehoben werden, daß sie durch eine neue Betriebsvereinbarung ersetzt wird, die dieselbe Angelegenheit regelt oder die bisherige Betriebsvereinbarung aufhebt. Es gilt das Ablösungsprinzip (dazu im einzelnen unter 5.3., S. 67). Ob in einer Regelungsabrede auch die Aufhebung der bisherigen Betriebsvereinbarung gesehen werden kann, hängt von deren Inhalt ab.[122]

Ablösungsprinzip, Regelungsabrede

Beispiel für eine Ablösungsabrede in einer neuen Betriebsvereinbarung:

> *Diese Betriebsvereinbarung tritt mit Wirkung vom ...... in Kraft. Sie löst die Betriebsvereinbarung vom .... über ...... ab.*

5.1.2. Anfechtung, Wegfall der Geschäftsgrundlage

Irrtum, arglistige Täuschung, Drohung, Anfechtung

Eine Betriebsvereinbarung kann ebenso wie auch jeder andere Vertrag wegen Irrtums, arglistiger Täuschung oder Drohung angefochten werden. Eine wirksame Anfechtung führt zur Beendigung der Betriebsvereinbarung, die aber entgegen § 142 BGB nicht rückwirkend (ex tunc), sondern nur mit Wirkung für die Zukunft (ex nunc) eintritt.[123]

Wegfall der Geschäftsgrundlage

Außerordentliche Kündigung, Lossagungserklärung

Dagegen ist der Wegfall der Geschäftsgrundlage kein selbständiger Beendigungsgrund. Die Betriebsvereinbarung endet nicht automatisch, sondern erst dann, wenn einer der Betriebspartner sich von ihr lossagt, z.B. die außerordentliche Kündigung erklärt. Beim Fehlen der Geschäftsgrundlage hat die Lossagungserklä-

---

[121] str.; vgl. etwa **Dietz/Richardi**, a.a.O., § 77 Rdn. 138 und **MünchArbR-Matthes**, a.a.O., § 319 Nr. 36 jeweils m.w.N.

[122] **MünchArbR-Matthes**, a.a.O., § 319 Rdn. 36 m.w.N.

[123] vgl. dazu **BAG** 15.12.1961 – 1 AZR 207/59 = BB 1962, 220 = AP Nr. 1 zu § 615 BGB Kurzarbeit und **MünchArbR-Matthes**, a.a.O., § 319 Rdn. 43, wonach dieses nicht nur für den normativen, sondern auch für den schuldrechtlichen Teil der Betriebsvereinbarung gelte, da auch eine Rückabwicklung des Verhältnisses Arbeitgeber/Betriebsrat nach Bereicherungsgrundsätzen nicht in Betracht komme.

rung keine rückwirkende Beseitigung der Betriebsvereinbarung zur Folge, sondern wirkt – ebenso wie die Anfechtung – nur für die Zukunft.[124] Im übrigen weist Matthes[125] zutreffend darauf hin, die Betriebsvereinbarung werde ohnehin gegenstandslos, wenn die geplante Betriebsänderung nicht durchgeführt werde.

Anpassung der Betriebsvereinbarung

Darüber hinaus könne eine Anpassung der Betriebsvereinbarung an die veränderten Umstände nicht mit normativer Wirkung von selbst erfolgen. Diese Anpassung sei durch die Betriebspartner – z.B. durch Ausspruch einer ggf. außerordentlichen Kündigung – vorzunehmen. Demgegenüber führt nunmehr der Zehnte Senat des Bundesarbeitsgerichts in seiner Entscheidung vom 10.8.1994[126] ohne nähere Auseinandersetzung mit der Literatur folgendes aus:

Wegfall der Geschäftsgrundlage

"Der Wegfall der Geschäftsgrundlage einer Betriebsvereinbarung bzw. eines Sozialplans führt nicht dazu, daß diese bzw. dieser von selbst und ggf. rückwirkend unwirksam wird. Der Wegfall der Geschäftsgrundlage hat vielmehr nur zur Folge, daß die Regelung im Sozialplan den geänderten tatsächlichen Umständen insoweit anzupassen ist, als dem Vertragspartner das Festhalten an der getroffenen Regelung auch unter den geänderten tatsächlichen Umständen noch zuzumuten ist. Damit unterscheidet sich der Wegfall der Geschäftsgrundlage einer Betriebsvereinbarung von der außerordentlichen Kündigung, was vielfach nicht beachtet wird, wenn ein Recht zur außerordentlichen Kündigung für den Fall bejaht wird, daß die Geschäftsgrundlage der Betriebsvereinbarung bzw. des Sozialplans weggefallen ist. Der Wegfall der Geschäftsgrundlage führt nicht zur Beendigung der Betriebsvereinbarung, sondern läßt diese – wenn auch mit einem jetzt anzupassenden Inhalt – fortbestehen. Die Anpassung der Regelung müssen die Betriebspartner vereinbaren. Derjenige Betriebspartner, der sich auf den Wegfall der Geschäftsgrundlage beruft, hat gegenüber dem anderen einen Anspruch auf Aufnahme von Verhandlungen über die Anpassung der im Sozialplan getroffenen Regelung. Verweigert der andere Betriebspartner eine solche Anpas-

Sozialplan

---

124 **Dietz/Richardi**, a.a.O., § 77 Rdn. 141
125 **MünchArbR-Matthes**, a.a.O., § 319 Rdn. 44
126 **BAG** 10.8.1994 – 10 ABR 61/93

sung oder kommt es nicht zu einem Einvernehmen über eine solche, kann er die Einigungsstelle anrufen, die verbindlich entscheidet (BAG Urteil vom 17. Februar 1981 – 1 AZR 290/78 = BAGE 35, 80 = AP Nr. 11 zu § 112 BetrVG 1972)."

Auf die mit dieser Entscheidung des Bundesarbeitsgerichts vom 10.8.1994 einhergehende Problematik ist bereits oben (S. 28 unter Ziff. 3.2.) hingewiesen worden. Soweit das Bundesarbeitsgericht in der vorgenannten Entscheidung darauf hinweist, die Anpassung müsse entweder einvernehmlich oder ggf. durch verbindliche Entscheidung der Einigungsstelle erfolgen, stellt sich sofort die Frage, ob sich die Regelungsmacht der Betriebspartner bzw. der Einigungsstelle auch noch auf die bereits ausgeschiedenen Arbeitnehmer/Arbeitnehmerinnen erstreckt.

Beispiel für Wegfall der Geschäftsgrundlage:

Ein Betrieb soll stillgelegt werden. Es wird deshalb ein Sozialplan vereinbart. Wird der Betriebs wegen unerwartetem Auftragseingang fortgeführt, fällt die dem Sozialplan zugrundeliegende Betriebsänderung weg.

5.1.3. Betriebsunter- und -übergang, Ende der Amtszeit des Betriebsrats

Betriebsstillegung

Anwartschaftsrecht

Eine Ausnahme gilt nur hinsichtlich derjenigen Betriebsvereinbarungen, die – wie insbesondere der Sozialplan – gerade aus Anlaß der Betriebsstillegung abgeschlossen worden sind und die gerade in der Zeit nach der Stillegung des Betriebes gelten sollen. Derartige Betriebsvereinbarungen behalten auch nach der Betriebsstillegung ihre allgemeine und zwingende Wirkung. Ebenso bleiben Anwartschaften und Anwartschaftsrechte erhalten, da die Betriebsvereinbarung auch insoweit nachwirkt.[127] In Dietz/Richardi[128] heißt es dazu u.a. zutreffend:

"Ein Betrieb geht nicht nur unter, wenn er stillgelegt, mit einem anderen Betrieb zu einem neuen Betrieb zusammengelegt oder in einen anderen Betrieb eingegliedert wird, sondern hierher gehört auch der Fall, daß ein bisher

---

127 **Brune**, a.a.O., Rdn. 409
128 **Dietz/Richardi**, a.a.O., § 77 Rdn. 140

als selbständig zu behandelnder Betriebsteil oder Nebenbetrieb seine betriebsverfassungsrechtliche Selbständigkeit nach § 4 BetrVG verliert. Die Betriebsvereinbarungen des aufnehmenden Betriebs erstrecken sich auf den nunmehr eingegliederten Betriebsteil oder Nebenbetrieb. Auch in diesem Fall behalten die Arbeitnehmer die durch die Betriebsvereinbarung eingeräumten Anwartschaften und Anwartschaftsrechte. Diese können zwar durch eine neue Betriebsvereinbarung abgelöst werden; es bestehen aber insoweit Grenzen aus dem Vertrauensschutz ..."

Vertrauensschutz

Verliert der Betrieb also seine Identität (z.B. durch Verschmelzung mit einem anderen Betrieb) so endet eine Betriebsvereinbarung des "untergehenden" Betriebes.[129] Gehen Arbeitsverhältnisse aufgrund eines Betriebsübergangs auf einen Erwerber über und besteht in dessen Unternehmen eine Betriebsvereinbarung mit demselben Regelungsgegenstand wie im übernommenen Betrieb, so richten sich die Ansprüche dieser Arbeitnehmer nach der Betriebsvereinbarung im neuen Unternehmen.[130]

Betriebsübergang

---

129 **BAG** 5.2.1991 – 1 ABR 32/90 = BB 1991, 1052 = DB 1991, 1937 = NZA 1991, 639 = EzA § 613 a BGB Nr. 93

130 **BAG** 27.6.1985 – 6 AZR 392/81 = DB 1986, 596 = NZA 1986, 401 = EzA § 77 BetrVG Nr. 16 und
BAG 20.11.1990 – 1 AZR 643/89 = BB 1991, 769 = DB 1991, 1229 = NZA 1991, 426 = EzA § 77 BetrVG 1972 Nr. 37

Hinweis:

Eine Regelung in einer Betriebsvereinbarung oder Gesamtbetriebsvereinbarung in Zusammenhang mit einem bevorstehenden Betriebsübergang, wonach

> alle Ansprüche von Mitarbeitern aus dem zum Zeitpunkt des Übergangs des Arbeitsverhältnisses bestehenden (Gesamt-)Betriebsvereinbarungen in ihrer jeweiligen Fassung erhalten bleiben,

ist unwirksam, da Betriebsveräußerer und (Gesamt-) Betriebsrat nicht die Kompetenz haben, die Arbeitsbedingungen der Arbeitnehmer/-innen der Betriebserwerber nach dem Betriebsübergang unmittelbar zu regeln. Rechte aus dieser (Gesamt-) Betriebsvereinbarung, die vor dem Betriebsübergang abgeschlossen wurden, gehen auch nicht gemäß § 613 a Abs. 1 BGB auf den Erwerber über, da nur solche Rechte und Pflichten des übergegangenen Arbeitsverhältnisses werden, die gegenüber dem bisherigen Betriebsinhaber bestanden.[131]

Wechsel des Betriebsrats, Zusammensetzung des Betriebsrats

Verlust der Betriebsratsfähigkeit

Unterbleibende Neuwahlen

Beendigung der bestehenden Betriebsvereinbarung

Während der Wechsel des Betriebsrats ebenso wenig wie eine andere Zusammensetzung des Betriebsrats Einfluß auf den Bestand einer Betriebsvereinbarung hat,[132] stellt sich die Frage, ob z.B.

- der Verlust der Betriebsratsfähigkeit infolge einer Reduzierung der Belegschaft oder
- unterbliebene Neuwahlen nach Ablauf der Amtszeit des bisherigen Betriebsrats

ebenfalls zur Beendigung der bestehenden Betriebsvereinbarungen führt. Diese Frage wird in der Literatur nicht ganz einheitlich beantwortet.[133] Nach zutreffender Ansicht kommt es in solchen Fällen nur dann zur Beendigung der bestehenden Betriebsvereinbarungen, wenn der Betriebsrat endgültig und dau-

---

131 **BAG** 1.4.1987 – 4 AZR 77/86 = BB 1987, 1670 = DB 1987, 1643 = NZA 1987, 593 = EzA § 613 a BGB Nr. 63;
vgl. auch **Bopp**, Aktuelle Rechtsprechungsübersicht zum BetrVG, Stand: 15. Mai 1994, S. 319

132 **Dietz/Richardi**, a.a.O., § 77 Rdn. 148 m.w.N.

133 vgl. dazu etwa die Nachweise bei **Brune**, a.a.O., Rdn. 412

ernd fortfällt. Brune[134] weist jedoch darauf hin, der Arbeitgeber könne sich in solchen Fällen jederzeit durch eine gegenüber den Arbeitnehmern auszusprechende (auch außerordentliche) Kündigung von der Betriebsvereinbarung lossagen. Dem ist entgegenzuhalten, daß Empfänger der Kündigung einer Betriebsvereinbarung der jeweils andere Vertrags-/Betriebspartner, also Betriebsrat und Arbeitgeber – nicht jedoch die Belegschaft bzw. deren Mitglieder – sind.

Kündigung einer Betriebsvereinbarung

5.1.4. Beendigung durch Zeitablauf, Zweckerreichung

Zeitablauf, Zweckerreichung

Eine Betriebsvereinbarung endet mit Ablauf der Zeit, für die sie eingegangen ist. Fehlt eine ausdrückliche Befristung, so kann sich eine zeitliche Begrenzung auch aus dem mit dieser Betriebsvereinbarung verfolgten Zweck ergeben.[135] Das ist vornehmlich für Betriebsvereinbarungen anzunehmen, deren Gegenstand die Regelung einer einmaligen Angelegenheit ist, etwa die Verlegung der Arbeitszeit zwischen Weihnachten und Neujahr, die Vereinbarung von Betriebsferien für ein Jahr oder ein Sozialplan anläßlich einer bestimmten Betriebsänderung. Mit der Abwicklung der Angelegenheit ist die entsprechende Betriebsvereinbarung ausgeführt und der Zweck der Regelung erreicht. Damit endet die Betriebsvereinbarung.[136] Außerdem liegt ein Fall der Zweckerreichung auch vor, wenn eine Betriebsvereinbarung aufgrund einer tariflichen Öffnungsklausel abgeschlossen wurde: Mit Ablauf des Tarifvertrages und ggf. dessen Nachwirkung ist der Zweck der Betriebsvereinbarung ebenfalls erreicht und die Betriebsvereinbarung beendet.[137]

Tarifliche Öffnungsklausel

5.1.5. Kündigung

Kündigung

Es ist zu differenzieren einerseits zwischen ordentlichen und außerordentlichen Kündigungen sowie andererseits zwischen Beendigungs-, Änderungs- und Teilkündigungen. Für sämtliche Kündigungen gilt, daß sie keiner Schriftform bedürfen. Sie müssen allerdings eindeutig ausgesprochen werden. Die Verwendung des Wortes "Kündigung" ist dazu nicht erforderlich.

Schriftform

---

134 **Brune**, a.a.O., Rdn. 413
135 **Dietz/Richardi**, a.a.O., § 77 Rdn. 137 m.w.N.
136 so **MünchArbR-Matthes**, a.a.O., § 319 Rdn. 34
137 **Brune**, a.a.O., Rdn. 408 m. umfangreichen w. N.

Beschluß des Betriebsrats

Zugang der Kündigung

Außerdem ist der Ausspruch der Kündigung durch den Betriebsrat nur wirksam, wenn ein entsprechender Beschluß des Betriebsrats vorliegt. Die Kündigung muß dem jeweils anderen Betriebspartner ordnungsgemäß zugehen. Es reicht aus, daß sie in den Machtbereich der jeweils anderen Seite gelangt. So genügt es, daß die Kündigung des Arbeitgebers in den Machtbereich des Betriebsratsvorsitzenden oder – bei dessen Verhinderung – des Stellvertreters gelangt. Nur diese sind zur Entgegennahme von Erklärungen, die dem Betriebsrat gegenüber abzugeben sind, berechtigt (§ 26 Abs. 3 BetrVG). Daß der gesamte Betriebsrat von der Kündigung Kenntnis erlangt, ist nicht erforderlich.[138] Besteht im Betrieb (vorübergehend) kein Betriebsrat mehr, so kann die Kündigung nach zutreffender Ansicht durch Bekanntmachung an die Arbeitnehmer, etwa durch Aushang am „Schwarzen Brett", erfolgen.[139]

Aushang am Schwarzen Brett

Spricht der Betriebsrat gegenüber dem Arbeitgeber die Kündigung der Betriebsvereinbarung aus, gelangt sie z.B. bereits dann in den Machtbereich des Arbeitgebers, wenn sie dem betrieblichen Ansprechpartner des Betriebsrats – z.B. dem Personalchef – zugeht.

5.1.5.1. Ordentliche Beendigungskündigung

Ordentliche Kündigung

Die Betriebsvereinbarung ist unabhängig davon, ob sie durch Einvernehmen der Betriebspartner oder durch Spruch einer Einigungsstelle zustande gekommen ist, kündbar, soweit in ihr nichts anderes bestimmt ist oder sich aus dem Zweck der Vereinbarung nichts anderes ergibt. Zum einen kann die ordentliche Kündigung in der Betriebsvereinbarung selbst ausdrücklich ausgeschlossen sein. Ein solcher Ausschluß kann sich aber auch aus dem besonderen Inhalt oder Zweck einer Betriebsvereinbarung ergeben, z.B. im Zusammenhang mit der Regelung einer einmaligen Angelegenheit, weil eine Kündigung in einem solchen Falle dem Zweck der Regelung widersprechen würde. Soweit keine anderweitige Kündigungsfrist vereinbart worden ist, beträgt diese gemäß § 77 Abs. 5 BetrVG drei Monate, ohne daß

Kündigungsfrist

---

138 so **MünchArbR-Matthes**, a.a.O., § 319 Rdn. 39 m. umfangreichen w. N.

139 so **Fitting/Auffarth**/Kaiser/**Heither**, BetrVG, 17. Aufl., § 77 Rdn. 43 a und **MünchArbR-Matthes**, a.a.O., § 319 Rdn. 39; a.A. **Gaul**, NZA 1986, 628, der eine Kündigung auch in diesem Falle gegenüber jedem Arbeitnehmer für erforderlich hält.

das Gesetz darüber hinaus einen bestimmten Endtermin (z.B. zum Monats-, Quartals- oder Jahresende) vorschreibt.[140]

Die Kündigung einer Betriebsvereinbarung ist nicht an das Vorliegen bestimmter Gründe gebunden. Sie unterliegt insbesondere auch keiner inhaltlichen Kontrolle.[141] Für den Bereich der betrieblichen Altersversorgung gelten hinsichtlich der Kündbarkeit keinerlei Besonderheiten. Eine Betriebsvereinbarung über Ruhegeld ist wie jede andere Betriebsvereinbarung gemäß § 77 Abs. 5 BetrVG kündbar. Die Kündigungsfrist beträgt ebenfalls drei Monate, soweit nichts anderes vereinbart ist. Allerdings ist hier zu unterscheiden zwischen der Kündbarkeit der Betriebsvereinbarung einerseits, die durch die Vereinbarung eines allgemeinen steuerunschädlichen Widerrufsvorbehalts nicht ausgeschlossen ist, und den Rechtsfolgen der Kündigung andererseits.[142] Die Rechtsfolgen einer Kündigung im Bereich der betrieblichen Altersversorgung werden unten unter 5.2., S. 60 (Nachwirkung einer Betriebsvereinbarung) behandelt. Die Betriebspartner können im übrigen eine Regelungsabrede, durch die für einen längeren Zeitraum eine mitbestimmungspflichtige Angelegenheit geregelt wird, ordentlich mit einer Frist von drei Monaten analog § 77 Abs. 5 BetrVG kündigen, sofern keine andere Kündigungsfrist vereinbart worden ist.[143]

Betriebliche Altersversorgung

Widerrufsvorbehalt

Regelungsabrede

Beispiel einer ordentlichen Kündigungserklärung:

Hiermit kündige ich aufgrund des Beschlusses des Betriebsrats vom...die Betriebsvereinbarung über.... vom...... mit der gesetzlichen Kündigungsfrist gem. § 77 Abs. 5 BetrVG zum....

Der Betriebsratsvorsitzende (Unterschrift)

---

140 so etwa **MünchArbR-Matthes**, a.a.O., § 319 Rdn. 37 – 38 und **Dietz/Richardi**, a.a.O., § 77 Rdn. 142 sowie Rdn. 144 betreffend Spruch der Einigungsstelle mit näheren Ausführungen

141 **BAG** 10.3.1992 – 3 ABR 54/91 = BB 1992, 1928 = DB 1992, 1735 = NZA 1993, 235 und **BAG** 26.10.1993 – 1 AZR 46/93 = BB 1994, 651 = DB 1994, 987

142 vgl. zu alledem **BAG** 18.4.1989 – 3 AZR 688/87 = DB 1989, 2232 = EzA § 77 BetrVG 1972 Nr. 28 sowie **BAG** 10.3.1992 – 3 ABR 54/91 = DB 1992, 1735

143 **BAG** 10.3.1992 – 1 ABR 31/91 = BB 1992, 1489 = DB 1992, 1734 = EzA 1992, 952

5.1.5.2. Außerordentliche Beendigungskündigung

Befristete Betriebsvereinbarung

Fristlose Kündigung

Die Betriebsvereinbarung kann auch außerordentlich/fristlos gekündigt werden, wenn dazu ein wichtiger Grund vorliegt. Voraussetzung ist, daß die Bindung an die Betriebsvereinbarung bis zum Ablauf der Kündigungsfrist nicht mehr zugemutet werden kann. Auch eine befristete Betriebsvereinbarung kann deshalb selbst dann gekündigt werden, wenn sie keine ordentliche Kündigungsmöglichkeit vorsieht. Die fristlose Kündigung kann nämlich nicht durch Vereinbarung der Betriebspartner ausgeschlossen werden.[144] An das Vorliegen des wichtigen Grundes sind dabei sehr strenge Anforderungen zu stellen, weil die außerordentliche Kündigung nicht das Mittel sein kann, um sich von einer unliebsam gewordenen Bindung zu lösen.[145]

Beispiel einer außerordentlichen Kündigungserklärung:

> *Hiermit kündige ich aufgrund des Beschlusses des Betriebsrats vom...die Betriebsvereinbarung über.... vom...... aus wichtigem Grund fristlos.*
>
> *Der Betriebsratsvorsitzende (Unterschrift)*

5.1.5.3. Teilkündigung

Teilkündigung

Ebenso wie im Individualarbeitsrecht ist die Teilkündigung einer Betriebsvereinbarung im Grundsatz ausgeschlossen. Ausnahmsweise kommt sie in Betracht,

- wenn die Zulässigkeit der Teilkündigung ausdrücklich in der Betriebsvereinbarung vorgesehen ist oder
- falls die Teilkündigung lediglich eine selbständige Teilregelung betrifft, die mit den übrigen Regelungen in keinem engen und sachlichen Zusammenhang dergestalt steht, daß der verbleibende Teil keine abgeschlossene und aus sich heraus handhabbare Regelung mehr enthält.[146]

---

144 **Dietz/Richardi**, a.a.O., § 77 Rdn. 142 und **Brune**, a.a.O., Rdn. 403 jeweils m.w.N.

145 so zutreffend **MünchArbR-Matthes**, a.a.O., § 319 Rdn. 40

146 vgl. dazu **MünchArbR-Matthes**, a.a.O., § 319 Rdn. 41 und **Brune**, a.a.O., Rdn. 404 sowie **Dietz/Richardi**, a.a.O., § 77 Rdn. 143, wonach als weitere Voraussetzung für die Zulässigkeit dieser Ausnahme die Auslegung dafür sprechen muß, daß die Parteien ein selbständiges Schicksal der verschiedenen Normengruppen für möglich gehalten haben.

Beispiel einer ordentlichen Teilkündigungserklärung:

> *Hiermit kündige ich aufgrund des Beschlusses des Betriebsrats vom... die Regelung über die Arbeitszeit zu Ziff. 3 bis 5 aus der Betriebsvereinbarung über.... vom...... mit der gesetzlichen Kündigungsfrist gem. § 77 Abs. 5 BetrVG zum....*
>
> *Der Betriebsratsvorsitzende (Unterschrift)*

5.1.5.4. Änderungskündigung

Änderungskündigung

Es ist – wie im Individualarbeitsrecht – denkbar, daß ein Betriebspartner gegenüber dem anderen Betriebspartner eine Beendigungskündigung hinsichtlich der Betriebsvereinbarung und damit zugleich ein Änderungsangebot ausspricht. Wird dieses Änderungsangebot angenommen, so kommt es zu einer ablösenden Betriebsvereinbarung mit dem veränderten Inhalt. Wird das Änderungsangebot dagegen nicht angenommen, liegt eine normale Beendigungskündigung vor.[147] Schaub[148] stellt sich auf den Standpunkt, daß der Arbeitgeber im Rahmen von Betriebsvereinbarungen über Sozialleistungen vor Ausspruch einer Beendigungskündigung die Möglichkeit einer Änderungskündigung prüfen muß. Dies würde allerdings auf einen im Betriebsverfassungsgesetz nicht vorgesehenen Kündigungsschutz hinauslaufen. Da die Kündigung im Betriebsverfassungsgesetz nicht an das Vorliegen bestimmter Gründe gebunden ist, steht es dem Arbeitgeber frei, entweder nur eine Beendigungskündigung auszusprechen oder mit dieser zugleich ein Änderungsangebot zu verbinden.

Beispiel einer ordentlichen Änderungskündigungserklärung:

> *Hiermit kündige ich aufgrund des Beschlusses des Betriebsrats vom...die Betriebsvereinbarung über.... vom...... mit der gesetzlichen Kündigungsfrist gem. § 77 Abs. 5 BetrVG zum....*
>
> *Der Betriebsrat bieten Ihnen den Abschluß einer Betriebsvereinbarung zu folgender Formulierung an:*

---

147 vgl. dazu etwa **Brune**, a.a.O., Rdn. 405 m.w.N.
148 **Schaub**, BB 1990, 289, 291

(Es folgt dann der gesamte Text der geändert formulierten Betriebsvereinbarung).

Der Betriebsratsvorsitzende (Unterschrift)

Nachwirkung der Betriebsvereinbarung

5.2. Nachwirkung der Betriebsvereinbarung

5.2.1. Allgemeine Grundsätze

Zwingende Wirkung der Betriebsvereinbarung

Nach § 77 Abs. 6 BetrVG gelten die Regelungen einer Betriebsvereinbarung in Angelegenheiten, in denen ein Spruch der Einigungsstelle die Einigung zwischen Arbeitgeber und Betriebsrat ersetzen kann, nach Ablauf der Betriebsvereinbarung durch eine Kündigung weiter, bis sie durch eine andere Abmachung ersetzt werden. Weitergeltung bedeutet lediglich, daß die Vorschriften der betreffenden Betriebsvereinbarung ihre unmittelbare Wirkung behalten. Demgegenüber geht die zwingende Wirkung der Betriebsvereinbarung mit deren Beendigung verloren. Ab diesem Zeitpunkt kann sie grundsätzlich durch jede andere Regelung, und zwar auch durch eine einzelvertragliche Regelung zum Nachteil des betroffenen Arbeitnehmers, abgeändert werden, ohne daß dadurch jedoch eine erforderliche Zustimmung des Betriebsrats ersetzt wird.[149]

Tarifvertrag

Eine Betriebsvereinbarung, die lediglich als Ergänzung zu einem Tarifvertrag abgeschlossen wird, ist grundsätzlich in ihrer Laufzeit auf die Dauer des Tarifvertrages sowie ggf. dessen Nachwirkungszeitraum beschränkt. Durch Regelungen in einem nachfolgenden Tarifvertrag kann die Geltung von (ergänzenden) Betriebsvereinbarungen nicht zeitlich erweitert werden. Ist eine (ergänzende) Betriebsvereinbarung auch im Hinblick auf einen künftigen Tarifvertrag geschlossen, hängt ihre Weitergeltung vom Inhalt dieses Tarifvertrages ab. Die Nachwirkung einer einen Tarifvertrag ergänzenden Betriebsvereinbarung gemäß § 77 Abs. 6 BetrVG kann durch Betriebsvereinbarung ausgeschlossen werden.[150]

---

149 **Brune**, a.a.O., Rdn. 419 und **Dietz/Richardi**, a.a.O., § 77 Rdn. 114

150 **BAG** 25.8.1983 – 6 ABR 40/82 = BB 1984, 981 = DB 1984, 1302 = EzA § 77 BetrVG Nr. 12 und
BAG 9.2.1984 – 6 ABR 10/81 = BB 1984, 1746 = DB 1984, 1477 = NZA 1984, 96 = EzA § 77 BetrVG Nr. 13

Da es sich stets um mitbestimmungspflichtige Angelegenheiten handelt, kann die nachwirkende Regelung wiederum nur durch eine mitbestimmte Abmachung ersetzt werden. Eine einzelvertragliche Regelung zwischen Arbeitgeber und Arbeitnehmern – auch auf dem Wege über eine Änderungskündigung – ist nicht möglich. Nur dann, wenn im Betrieb kein Betriebsrat mehr besteht, ist die Angelegenheit wieder der individualrechtlichen Regelung zugänglich. Auch eine schon vor der beendeten Betriebsvereinbarung getroffene vertragliche Abrede lebt während der Zeit der Nachwirkung der Betriebsvereinbarung nicht wieder auf.[151]

Änderungskündigung

Als andere Abmachung kommt zunächst eine neue Betriebsvereinbarung in Betracht, wenn diese die Angelegenheit neu regelt und damit die nachwirkende Regelung ab dem Zeitpunkt ihres Inkrafttretens ablöst. Eine bloße Regelungsabrede ist jedoch noch keine solche andere Abmachung i.S.v. § 76 Abs. 6 BetrVG, weil ihr keine normative Wirkung zukommt. Die Regelungsabrede kann den Arbeitgeber allenfalls betriebsverfassungsrechtlich dazu ermächtigen, nunmehr ausnahmsweise – und entgegen dem vorstehend dargestellten Grundsatz – die betreffende Angelegenheit entsprechend der Regelungsabrede einzelvertraglich zu regeln. Kommt es daraufhin in betriebsverfassungsrechtlich zulässiger Weise zu einer individualrechtlichen Vereinbarung, so stellt dieses eine andere Abmachung i.S.v. § 76 Abs. 6 BetrVG dar, die sodann zur Beendigung der Nachwirkung führt.[152]

Regelungsabrede

5.2.2. Vereinbarungen bezüglich Nachwirkung

Die Betriebspartner sind – ebenso wie die Parteien des Tarifvertrages – befugt, die Nachwirkung bereits in der Betriebsvereinbarung auszuschließen. Außerdem kann sich der Ausschluß der Nachwirkung aus dem Sinn und Zweck einer zeitlich begrenzten Regelung ergeben. Grund ist der Umstand, daß es sich bei der Regelung in § 77 Abs. 6 BetrVG nicht um eine zwingende, sondern um eine abdingbare Vorschrift handelt. Umgekehrt dürfte es – wenn dieses auch in der Literatur streitig

Ausschluß der Nachwirkung

---

[151] so **MünchArbR-Matthes**, a.a.O., § 319 Rdn. 48, 49

[152] so **MünchArbR-Matthes**, a.a.O., § 319 Rdn. 50; vgl. auch den Beitrag von **Hanau**, "Betriebsvereinbarung", Recht und Kommunikation Nr. 24

ist – zulässig sein, daß eine kraft Gesetzes nicht gegebene Nachwirkung durch die Betriebspartner ausdrücklich vereinbart wird.[153]

Beispiel für den vertraglichen Ausschluß der Nachwirkung:

Die Betriebsvereinbarung kann von jeder Seite mit einer Frist von drei Monaten gekündigt werden. Sie endet mit Ablauf der Kündigungsfrist ohne Nachwirkung.

Beispiel für vereinbarte Nachwirkung:

Die Betriebsvereinbarung kann von jeder Seite mit einer Frist von drei Monaten gekündigt werden. Sie wirkt bis zum Abschluß einer neuen Betriebsvereinbarung nach.

5.2.3. Erzwingbare Betriebsvereinbarungen

Erzwingbare Mitbestimmung

Eine Nachwirkung einer Betriebsvereinbarung kommt nur in Betracht, wenn die in der Betriebsvereinbarung getroffene Regelung eine Angelegenheit der sogenannten erzwingbaren Mitbestimmung betrifft, ohne daß es darauf ankommt, ob die Betriebsvereinbarung freiwillig abgeschlossen worden ist oder auf einem Spruch der Einigungsstelle beruht.[154] Enthält eine Betriebsvereinbarung Regelungen sowohl über mitbestimmungspflichtige als auch über andere Regelungen, so wirken die Bestimmungen über die mitbestimmungspflichtigen Angelegenheiten gemäß § 77 Abs. 6 BetrVG nach, soweit diese eine aus sich heraus handhabbare Regelung enthalten.[155] Die gekündigte Regelungsabrede wirkt ebenfalls entsprechend § 77 Abs. 6 BetrVG bis zum Abschluß einer neuen Vereinbarung weiter, wenn Gegenstand der Regelungsabrede eine mitbestimmungspflichtige Angelegenheit ist.[156]

Regelungsabrede

---

153 **Fitting/Auffarth/Kaiser/Heither**, a.a.O., § 77 Rdn. 61; **Brune**, a.a.O., Rdn. 424 – 427 unter ausführlicher Darstellung des Meinungsstandes

154 **BAG** 21.8.1990 – 1 ABR 73/89 = BB 1990, 2406 = DB 1991, 232 = NZA 1991, 190 = EzA § 77 BetrVG 1972 Nr. 36

155 **BAG** 23.6.1992 – 1 ABR 9/92 = BB 1993, 289 = DB 1993, 441 = NZA 1993, 229

156 **BAG** 23.6.1992 – 1 ABR 53/91 = BB 1992, 1724 = DB 1992, 2643 = NZA 1992, 1098

5.2.4. Teilmitbestimmte Betriebsvereinbarungen

Teilmitbestimmte Betriebsvereinbarung

Eine teilmitbestimmte Betriebsvereinbarung, die eine Angelegenheit regelt, die zum Teil der freiwilligen Mitbestimmung, zum Teil der erzwingbaren Mitbestimmung des Betriebsrats unterliegt, wirkt nicht nach. Um solche Betriebsvereinbarungen handelt es sich in der Regel dann, wenn in ihnen die Zahlung einer sogenannten freiwilligen Leistung des Arbeitgebers geregelt wird. Bei der Gewährung solcher freiwilliger Leistungen hat der Betriebsrat nach § 87 Abs. 1 Nr. 10 BetrVG hinsichtlich des sogenannten Leistungsplans mitzubestimmen. Mitbestimmungsfrei ist dagegen die Entscheidung des Arbeitgebers, ob er überhaupt eine freiwillige Leistung erbringen und welche Mittel er dafür zur Verfügung stellen will. Der Betriebsrat kann über einen Spruch der Einigungsstelle die Gewährung einer freiwilligen Leistung nicht erzwingen. Der Betriebsrat hat nur über den jeweiligen Leistungsplan mitzubestimmen. Ein Mitbestimmungsrecht besteht daher nur solange, wie der Arbeitgeber die freiwillige Leistung auch gewährt. Falls die Verpflichtung des Arbeitgebers zur Leistung infolge der Kündigung der Betriebsvereinbarung entfällt, ist für einen mitbestimmten Verteilungsplan kein Raum mehr.[157]

Kündigung der Betriebsvereinbarung

Die Regelungen einer teilmitbestimmten Betriebsvereinbarung über freiwillige Leistungen gelten nach Ablauf der Kündigungsfristen nicht weiter, wenn der Arbeitgeber mit der Kündigung beabsichtigt, die freiwillige Leistung vollständig entfallen zu lassen.

Freiwillige Leistungen

Wenn der Arbeitgeber jedoch mit der Kündigung lediglich beabsichtigt, das zur Verfügung gestellte Volumen zu reduzieren und den Verteilerschlüssel zu ändern, so wirkt die teilmitbestimmte Betriebsvereinbarung über freiwillige Leistungen (z.B. zusätzliches Urlaubsgeld) gemäß § 77 Abs. 6 BetrVG nach.[158]

Zusammengefaßt gilt für Betriebsvereinbarungen über sogenannte freiwillige Leistungen der Grundsatz, daß zwar der Leistungsplan und damit auch jede Änderung des Leistungsplanes mitbestimmungspflichtig ist, weshalb der Leistungsplan nachwirkt. Dieses ist aber nicht der Fall hinsichtlich der Bindung des Arbeitgebers an das bisherige Leistungsvolumen.[159] Der Arbeit-

---

[157] **BAG** 21.8.1990 – 1 ABR 73/89 = BB 1990, 2406 = DB 1991, 232 = NZA 1991, 190 = EzA § 77 BetrVG 1972 Nr. 36

[158] **BAG** 26.10.1993 – 1 AZR 46/93 = BB 1994, 651 = DB 1994, 987

[159] so **MünchArbR-Matthes**, a.a.O., § 319 Rdn. 56;
anders z.B. **Fitting/Auffarth/Kaiser/Heither**, § 77 BetrVG Rdn. 63 und **Hanau**, NZA 1985, Beil. 2, S. 10 und RdA 1989, 216

geber kann das Leistungsvolumen mitbestimmungsfrei nur in der Weise kürzen, daß er jede einzelne Leistung im gleichen Verhältnis kürzt, so daß der Leistungsplan unverändert bleibt. Eine andere Verteilung des gekürzten Leistungsvolumens ist dagegen erst möglich, wenn der nachwirkende Leistungsplan durch eine andere Abmachung, d.h. durch einen neuen Leistungsplan, ersetzt worden ist.[160]

Beispiel:

Zahlung eines freiwilligen Weihnachtsgeldes (Teilmitbestimmungspfficht nach § 87 Abs. 1 Nr. 10 BetrVG).

5.2.5. Freiwillige Betriebsvereinbarungen

Freiwillige Mitbestimmung

Betriebliche Altersversorgung

Betriebsvereinbarungen in Angelegenheiten, die lediglich der freiwilligen Mitbestimmung unterliegen, wirken nach Ablauf der Kündigungsfrist nicht nach.[161] Auch bei Betriebsvereinbarungen, deren Gegenstand eine betriebliche Altersversorgung ist, kommt keine Nachwirkung in Betracht.[162] Gegen diesen Ausschluß der Nachwirkung von freiwilligen Betriebsvereinbarungen sind – insbesondere hinsichtlich der betrieblichen Altersversorgung – im Schrifttum Bedenken geltend gemacht worden. Leistungen der betrieblichen Altersversorgung erhält der Arbeitnehmer nämlich erst, wenn er seinerseits vorgeleistet hat. Die Leistung, die durch die Versorgung entgolten wird, ist die dem Arbeitgeber während der gesamten Dauer des Arbeitsverhältnisses erwiesene Betriebstreue und damit die Gesamtheit der ihm erbrachten Dienste. Die vom Arbeitgeber zugesagte Gegenleistung kann deshalb nicht wegfallen, ohne daß es hierfür billigenswerte Gründe gibt. Das gilt auch dann, wenn das Ruhegeld in einer Betriebsvereinbarung zugesagt wird. Deshalb werden die aufgrund einer Betriebsvereinbarung erworbenen Besitzstände der betroffenen Arbeitnehmer kraft Gesetzes nach den Grundsätzen der Verhältnismäßigkeit und des Vertrauensschutzes geschützt.

Verhältnismäßigkeit, Vertrauensschutz

---

160 so **MünchArbR-Matthes**, a.a.O., § 319 Rdn. 56 unter Hinweis auf die entsprechende Rechtsprechung des **BAG** für übertarifliche Zulagen vom 3.12.1991 – GS 1/90 = BB 1991, 2528 = DB 1991, 2593 = NZA 1992, 749

161 **BAG** 21.8.1990 – 1 ABR 73/89 = Fn. 158 und **MünchArbR-Matthes**, a.a.O., § 319 Rdn. 54

162 **BAG** 18.4.1989 – 3 AZR 688/87 = BB 1990, 781 = DB 1989, 2232 = NZA 1990, 67 = EzA § 77 BetrVG 1972 Nr. 28

Je stärker in Besitzstände eingegriffen wird, desto gewichtiger müssen die Änderungsgründe sein.[163]

Im Ergebnis stimmen auch die Lösungsversuche in der Literatur darin überein, daß Ansprüche auf Altersversorgung, die auf einer Betriebsvereinbarung beruhen, nicht einfach durch deren Kündigung beseitigt werden können. Diskutiert werden Fragen des Vertrauens- und Bestandsschutzes, ein begrenzter Kündigungsschutz und eine analoge Anwendung des § 4 Abs. 5 TVG. Niemand vertritt die Auffassung, daß die bis zur Kündigung einer Betriebsvereinbarung begründeten Ansprüche ohne weiteres und gänzlich entfallen.[164] Es stellt sich somit allein die Frage, ob die Versorgungsansprüche nach der Kündigung noch anwachsen können. Im Beitrag von Molkenbur im Handbuch zum Arbeitsrecht[165] heißt es dazu:

Bestandsschutz

"Das Betriebsverfassungsgesetz schränkt das Recht zur Kündigung einer Betriebsvereinbarung nicht ein. Es gibt dafür keine Gründe. Ein Kündigungsschutz für Betriebsvereinbarungen ist dem Betriebsverfassungsrecht fremd. § 77 Abs. 6 BetrVG 1972 regelt die Nachwirkung von Betriebsvereinbarungen abschließend, so daß auch kein Raum für eine Analogie zu § 4 Abs. 5 TVG vorhanden ist. Ausgangspunkt muß vielmehr der Umstand sein, daß die begünstigten Arbeitnehmer bei Abschluß der Betriebsvereinbarung eine Anwartschaft erhalten. Diese kann durch die spätere Beendigung der Betriebsvereinbarung nicht mehr berührt werden. Es gilt das gleiche wie bei einer Versorgungszusage im Arbeitsvertrag. Durch dessen Kündigung wird die Versorgungszusage nicht beseitigt. Die Beendigung des Arbeitsverhältnisses läßt allenfalls eine in der Zusage enthaltene auflösende Bedingung der Verfallbarkeit eintreten. Versorgungsansprüche entstehen für die begünstigten Arbeitnehmer bereits mit Abschluß der Betriebsvereinbarung. Inhalt und Höhe des Anspruchs sind bereits bestimmt und hängen nur noch davon ab, ob und inwieweit die im Leistungsplan für die Gewährung der Leistung und deren Höhe aufgestellten Bedingungen

Versorgungsansprüche

---

[163] **BAG** 10.3.1992 – 3 ABR 54/91 = DB 1992, 1735 und **BAG** 18.4.1989 – 3 AZR 688/87 = Fn. 163

[164] vgl. zu alledem z.B. **Hilger/Stumpf**, BB 1990, 929 ff.; **Schaub**, BB 1990, 289 ff. und **Blomeyer**, DB 1990, 173 ff. sowie **MünchArbR-Matthes**, a.a.O., § 319 Rdn. 57 – 59

[165] **Molkenbur**, HzA, Gr. 10, Betriebliche Altersversorgung, Mitbestimmung des Betriebsrats, B III.3. Rdn. 220

tatsächlich eintreten. Den Arbeitnehmern soll nicht bloß eine ungesicherte Perspektive geboten werden. Vielmehr erhält der Arbeitnehmer wie bei einer einzelvertraglichen Zusage bereits eine gesicherte Rechtsposition, auf die der spätere Wegfall der Betriebsvereinbarung keinen Einfluß mehr hat. Durch die Kündigung wird der bereits entstandene Anspruch – sei er auch betagt oder bedingt – nicht mehr beseitigt. Die Anwartschaft ist damit unabhängig vom weiteren Bestand der Betriebsvereinbarung. Dies folgt auch daraus, daß die Betriebsvereinbarung über Ruhegeld stets Leistungen für einen Zeitpunkt nach Beendigung des Arbeitsverhältnisses betrifft. Somit vermag die Kündigung der Betriebsvereinbarung die Anwartschaft auf Altersversorgung nicht mehr zu beseitigen. Dem begünstigten Arbeitnehmer steht Versorgung nach Maßgabe der gekündigten Betriebsvereinbarung zu. Auch nach Beendigung der Betriebsvereinbarung können die Versorgungsansprüche bereits beschäftigter Arbeitnehmer gemäß dem Leistungsplan ansteigen. Durch die Kündigung wird nur erreicht, daß nach Ablauf der Kündigungsfrist eintretende Arbeitnehmer keine Ansprüche mehr erwerben können. Weiter ist es nun möglich, einzelvertraglich von den Bestimmungen der Betriebsvereinbarung abzuweichen. Dem Arbeitgeber stehen auch alle individualrechtlichen oder in der Betriebsvereinbarung vorbehaltenen Möglichkeiten zur Abänderung oder Beseitigung der Versorgungszusage offen. Will er die Leistungen gänzlich einstellen, ist er befugt, mitbestimmungsfrei zu widerrufen. Dieser Widerruf ist jedoch nur wirksam, wenn die dafür geltenden engen Voraussetzungen vorliegen (z.B. wirtschaftliche Notlage). Die durch Betriebsvereinbarung begründeten Anwartschaften können durch Vereinbarung der Betriebspartner geändert werden. Überzeugen nicht schon die vom Arbeitgeber vorgebrachten Gründe von der Notwendigkeit einer Änderung, so wird der Betriebsrat zu einer abändernden Betriebsvereinbarung oft schon deshalb bereit sein müssen, um künftig eintretenden Arbeitnehmern eine Altersversorgung zu sichern ..."

Wegfall der Betriebsvereinbarung

Widerruf

5.3. Ablösung der Betriebsvereinbarung

Ablösung der Betriebsvereinbarung

Nach alledem kann eine Betriebsvereinbarung jederzeit durch eine spätere Betriebsvereinbarung mit unmittelbarer Wirkung für die Arbeitnehmer aufgehoben und abgeändert werden, und zwar nicht nur zugunsten, sondern – wie dargelegt in den Grenzen von Recht und Billigkeit – auch zu Lasten der Arbeitnehmer.[166] Die neue Regelung tritt an die Stelle der bisherigen Regelung nach dem Grundsatz, daß späteres Recht früheres Recht verdrängt (sogenannte Zeitkollisionsregel). Dieser Grundsatz ist unbestritten.[167]

Kürzung von Versorgungsanwartschaften

Führt die ablösende Betriebsvereinbarung jedoch im Bereich der betrieblichen Altersversorgung zu einer Kürzung von Versorgungsanwartschaften, so unterliegt sie einer Rechtskontrolle. Abzuwägen sind die Änderungsgründe gegen die Bestandsschutzinteressen der betroffenen Arbeitnehmer. Je stärker in Besitzstände eingegriffen wird, desto schwerer müssen die Änderungsgründe wiegen. Sind Eingriffe in Versorgungsanwartschaften aus wirtschaftlichen Gründen notwendig, müssen sie in sich ausgewogen und verhältnismäßig sein. Bei den notwendigen Anpassungen haben die Betriebspartner einen Gestaltungsspielraum.[168] Dabei lassen sich die Versorgungsbesitzstände und die für entsprechende Eingriffe erforderlichen Änderungsgründe wie folgt abstufen:

- Der bereits erdiente und nach den Grundsätzen des § 2 BetrAVG errechnete Teilbetrag darf nur in seltenen Ausnahmefällen gekürzt werden;
- Zuwächse, die sich aus variablen Berechnungsfaktoren ergeben, können nur aus triftigen Gründen geschmälert werden, soweit sie zeitanteilig erdient sind.[169]

Ablösung einer älteren Betriebsvereinbarung

Im Rahmen der Ablösung einer älteren Betriebsvereinbarung durch eine neue Betriebsvereinbarung rechtfertigt es auch der Abbau einer planwidrig eingetretenen Überversorgung, den erdienten Teilwert zu schmälern. Das Vertrauen der Arbeitnehmer

---

166 **BAG** 17.3.1987 – 3 AZR 64/84 = BB 1987, 1673 = DB 1987, 1639 = NZA 1987, 855 = EzA § 1 BetrVG 1972 Nr. 48

167 vgl. dazu etwa **MünchArbR-Matthes**, a.a.O., § 319 Rdn. 60

168 **BAG** 22.5.1990 – 3 AZR 128/89 = BB 1990, 1774 = DB 1990, 2174 = EzA 1990, 830

169 **BAG** 17.3.1987 – 3 AZR 64/84 = DB 1987, 1639 = EzA § 87, 855 = EzA § 1 BetrAVG Nr. 48

auf eine Gesamtversorgung von mehr als 100 % des letzten Nettoeinkommens ist in einem solchen Falle nicht schutzwürdig.[170]

Einheitsregelung, Gesamtzusage, betriebliche Übung

Soweit es sich nicht um arbeitsvertragliche Ansprüche aus Sozialleistungen handelt, die auf einer arbeitsvertraglichen Einheitsregelung, einer Gesamtzusage oder einer betrieblichen Übung beruhen, kommt einer Betriebsvereinbarung gegenüber arbeitsvertraglichen Vereinbarungen keine ablösende Wirkung in dem Sinne zu, daß die Normen der Betriebsvereinbarungen an die Stelle der vertraglichen Vereinbarungen treten. Durch eine Betriebsvereinbarung kann der Inhalt des Arbeitsvertrages nicht geändert bzw. abgelöst werden. Soweit Normen einer Betriebsvereinbarung auch für den Arbeitnehmer günstiger sind als die arbeitsvertragliche Regelung, verdrängen sie diese lediglich für die Dauer ihrer Wirkung, machen sie aber nicht nichtig.[171]

Widerruf, Wegfall der Geschäftsgrundlage

Demgegenüber können vertraglich begründete Ansprüche der Arbeitnehmer auf Sozialleistungen, die auf eine vom Arbeitgeber gesetzte Einheitsregelung oder eine Gesamtzusage zurückgehen, durch eine nachfolgende Betriebsvereinbarung in den Grenzen von Recht und Billigkeit beschränkt werden, wenn die Neuregelung insgesamt bei kollektiver Betrachtung nicht ungünstiger ist. Ist demgegenüber die nachfolgende Betriebsvereinbarung insgesamt ungünstiger, ist sie nur zulässig, soweit der Arbeitgeber wegen eines vorbehaltenen Widerrufs oder Wegfalls der Geschäftsgrundlage die Kürzung oder Streichung der Sozialleistungen verlangen kann. Es kommt nicht darauf an, ob die in einer solchen Betriebsvereinbarung geregelten Angelegenheiten der erzwingbaren Mitbestimmung unterliegen oder nur als freiwillige Betriebsvereinbarungen zustande kommen.[172]

---

[170] **BAG** 23.10.1990 – 3 AZR 260/89 = BB 1991, 699 = DB 1991, 449 = NZA 1991, 242 = EzA § 1 BetrAVG Ablösung Nr. 4

[171] **BAG** 21.9.1989 – 1 AZR 454/88 = BB 1990, 994 = DB 1990, 692 = NZA 1990, 331 = EzA § 77 BetrVG 1972 Nr. 33

[172] **BAG** 16.9.1986 – GS 1/82 = DB 1987, 383 = NZA 1987, 168 = EzA § 77 BetrVG Nr. 17

6. Unwirksamkeit der Betriebsvereinbarung

6.1. Allgemeines

Unwirksamkeit der Betriebsvereinbarung

Spruch der Einigungsstelle

Regelungsabrede

Sowohl die gemeinsam von den Betriebspartnern abgeschlossenen als auch die durch den Spruch der Einigungsstelle zustande gekommenen Betriebsvereinbarungen können – ebenso wie Regelungsabreden – nichtig bzw. unwirksam sein. Betriebsvereinbarungen sind wie Gesetze auszulegen. Maßgeblich ist der in der Betriebsvereinbarung selbst zum Ausdruck gelangte Wille der die Vereinbarung abschließenden Parteien. Raum für die Feststellung eines vom Wortlaut abweichenden Parteiwillens besteht daneben nicht.[173] Insbesondere in folgenden Fällen kann eine Betriebsvereinbarung unwirksam sein:

- Betriebsratswahl:

  Anfechtung einer Betriebsratswahl

  Die wirksame Anfechtung einer Betriebsratswahl hat weder Einfluß auf die Wirksamkeit von Betriebsvereinbarungen noch auf die Sprüche der Einigungsstelle. Die Entscheidung über die Wahlanfechtung wirkt nämlich nur für die Zukunft. Etwas anderes gilt dann, wenn die Betriebsratswahl nichtig war.[174]

- Einigungsstellensprüche:

  Anfechtung eines Einigungsstellenspruchs

  Die Überschreitung der Grenzen des Ermessens kann durch den Arbeitgeber oder den Betriebsrat binnen einer Frist von zwei Wochen, vom Tage der Zuleitung des Beschlusses an gerechnet, beim Arbeitsgericht geltend gemacht werden (§ 76 Abs. 5 BetrVG). Überschreitet der Spruch der Einigungsstelle die Grenzen des Ermessens, so ist er unwirksam. Andere rechtliche Mängel des Spruchs oder des Verfahrens der Einigungsstelle können jederzeit gerügt werden. Dies gilt insbesondere für die Verkennung von Rechtsbegriffen, solange derartige Mängel nicht wegen langandauernder Hinnahme verwirkt sind. Als Rechtsmängel kommen in Betracht: Fehlender Antrag, schwere Verfahrensmängel, Gesetzesverstöße sowie fehlende Regelungskompetenz und fehlerhafte Entscheidungen über Rechtsfragen, also die

---

173 **BAG** 11.6.1975 – 5 AZR 217/74 = BB 1975, 1252 = DB 1975, 2044 = EzA § 77 BetrVG Nr. 1

174 **MünchArbR-Matthes**, a.a.O., § 319 Rdn. 71 m.w.N.

Anwendung von Rechtsnormen.[175] Dasselbe gilt hinsichtlich der mangelnden Zuständigkeit, soweit die getroffene Regelung nicht der erzwingbaren Mitbestimmung unterliegt.

- Eintritt der Erwerbsunfähigkeit:

Ist die Bestimmung einer Betriebsvereinbarung, das Arbeitsverhältnis ende durch Eintritt der Erwerbsunfähigkeit des Arbeitnehmers, dahingehend auszulegen, das Arbeitsverhältnis solle zu dem Zeitpunkt enden, zu dem nach den rentenrechtlichen Vorschriften die Voraussetzungen einer Erwerbsunfähigkeit vorliegen, so ist diese Beendigungsklausel wegen nicht hinreichender Bestimmtheit des Auflösungszeitpunkts unwirksam.[176] Außerdem kann eine solche Betriebsvereinbarung mit kündigungsschutzrechtlichen Bestimmungen unvereinbar sein. Derjenige Arbeitnehmer, der eine Erwerbsunfähigkeitsrente auf Zeit erhält, ist mit demjenigen vergleichbar, der wegen langanhaltender Erkrankung arbeitsunfähig ist.[177]

Erwerbsunfähigkeitsrente auf Zeit

- Form:

Schriftform

Betriebsvereinbarungen sind unwirksam, wenn es an der vorgeschriebenen Schriftform fehlt. Dasselbe gilt für einen Spruch der Einigungsstelle, der nicht schriftlich niedergelegt und vom Vorsitzenden der Einigungsstelle unterschrieben ist.[178]

---

175 **Fitting/Auffarth/Kaiser/Heither**, BetrVG, 17. Aufl., § 76 Rdn. 33 c

176 **BAG** 27.10.1988 – 2 AZR 109/88 = DB 1989, 1730 = NZA 1989, 432 = EzA § 620 BGB Bedingung Nr. 9

177 **LAG** Hamm 6.11.1984 – 13 Sa 725/84

178 **MünchArbR-Matthes**, a.a.O., § 319 Rdn. 68

Beispiel für einen Einigungsstellenspruch:

Einigungsstellenspruch
in dem Einigungsstellenverfahren
zwischen

der ***Geschäftsleitung der Fa.*** ______________________

und

dem ***Betriebsrat der Fa.*** ___________________________

wegen

der ***Schließung der Abteilung Montage***

hat die Einigungsstelle in der Verhandlung am heutigen Tage

durch den Vorsitzenden _______________

und die Beisitzer

Herr ____________________

Frau ____________________

– von der Arbeitgeberin benannt –

und die Beisitzer

Herr _________________

Rechtsanwalt __________________

– vom Betriebsrat benannt –

beschlossen:

Betriebsvereinbarung wegen
der Schließung der Abteilung Montage

(Es folgt dann der Text der Betriebsvereinbarung)

___________________, *den* _______________

____
Unterschrift der/des Vorsitzenden

Kürzung von Versorgungsrechten

- Kürzung von Versorgungsrechten:

  Im Rahmen der ablösenden Betriebsvereinbarung unterliegt die Kürzung von Versorgungsrechten einer Rechtskontrolle. Die Grundsätze der Verhältnismäßigkeit und des Vertrauensschutzes sind zu beachten.[179]

- Recht und Billigkeit:

Grenzen von Recht und Billigkeit

  Die Regelungsbefugnis der Betriebspartner besteht nur in den Grenzen von Recht und Billigkeit (§ 75 Abs. 1 BetrVG). Höherrangiges zwingendes Recht darf nicht verletzt werden. Bei der Ausübung und der Ausgestaltung der Regelungsbefugnisse haben die Betriebspartner den Grundsatz des freiheitlichen und sozialen Rechtsstaats (Art. 20 GG) und der individuellen Entfaltungsfreiheit (Art. 2 Abs. 1 und Art. 12 GG) Rechnung zu tragen.[180] Dementsprechend sind die Betriebspartner – ebenso die Einigungsstelle – beim Abschluß eines Sozialplans in den Grenzen von Recht und Billigkeit gemäß § 75 BetrVG frei, darüber zu entscheiden, welche Nachteile, die der Verlust eines Arbeitsplatzes mit sich bringt, durch eine Abfindung ausgeglichen werden sollen.[181]

Sozialplan

- Text der Betriebsvereinbarung:

Arbeitsvertragliche Bezugnahme

  Der Wirksamkeit einer arbeitsvertraglichen Bezugnahme auf die Bestimmungen einer Betriebsvereinbarung steht nicht entgegen, daß dem Arbeitnehmer vor Abschluß des Arbeitsvertrages der Text der Betriebsvereinbarung nicht zur Verfügung gestellt wird.[182]

- Wegfall der Kompetenz der Betriebspartner:

Regelungskompetenz der Betriebspartner

  Eine zunächst wirksame Betriebsvereinbarung wird unwirksam, wenn die geregelte Angelegenheit später durch einen Tarifvertrag geregelt wird und damit die Regelungskompetenz der Betriebspartner entfällt.[183]

---

179 vgl. wegen der Einzelheiten auch die oben genannten **BAG**-Entscheidungen vom 22.5.1990 – 3 AZR 128/89 = Fn. 169 und vom 23.10.1990 – 3 AZR 260/89 = Fn. 171

180 **BAG** 7.11.1989 – GS 3/85 = Fn. 94

181 **BAG** 29.11.1978 – 5 AZR 553/77 = BB 1979, 474 = DB 1979, 795 = EzA § 112 BetrVG 1972 Nr. 16

182 **LAG** Nürnberg 26.5.1992 – 4 Sa 484/91 = BB 1992, 2292

183 **MünchArbR-Matthes**, a.a.O., § 319 Rdn. 69 m. umfangreichen w. N.

6.2. Teilnichtigkeit

Teilnichtigkeit

In der betrieblichen Praxis betreffen die Unwirksamkeitsgründe in aller Regel nicht das gesamte Regelungswerk, sondern nur einzelne Bestimmungen. Das berührt in der Regel nicht die Wirksamkeit der Gesamtregelung, sofern der von der Unwirksamkeit nicht betroffene Teil noch eine in sich geschlossene und für sich allein handhabbare Regelung enthält.[184] Bei Betriebsvereinbarungen gebietet es sich ebenso wie bei Tarifverträgen und Gesetzen, im Interesse der Kontinuität und Rechtsbeständigkeit einer gesetzten Ordnung diese insoweit aufrechtzuerhalten, als sie auch ohne den unwirksamen Teil ihre ordnende Funktion noch entfalten kann.[185]

6.3. Gesamtnichtigkeit

Gesamtnichtigkeit

Ist dagegen davon auszugehen, daß die Betriebsvereinbarung bzw. der Spruch der Einigungsstelle insgesamt nichtig bzw. unwirksam ist, so fehlt es an einer mitbestimmten Regelung der betreffenden Angelegenheit. Das Mitbestimmungsrecht des Betriebsrats ist nicht verbraucht. Sowohl der Arbeitgeber als auch der Betriebsrat können im Rahmen ihres Initiativrechts – ggf. über einen Spruch der Einigungsstelle – eine erneute Regelung der Angelegenheit verlangen. Das gilt insbesondere, weil eine nichtige Betriebsvereinbarung nicht geeignet ist, die Nachwirkung einer vorhergehenden Betriebsvereinbarung zu beseitigen, so daß die Regelung der der nichtigen Betriebsvereinbarung vorhergehenden wirksamen Betriebsvereinbarung bis zur Neuregelung fortgilt.[186] Steht fest, daß der Spruch der Einigungsstelle unwirksam ist, so steht auch fest, daß das diesbezügliche Verfahren noch nicht beendet und deshalb unter demselben Vorsitzenden fortzusetzen ist, sofern die Betriebspartner sich nicht einvernehmlich auf einen anderen Vorsitzenden verständigen.

Nachwirkung

---

184 **BAG** 28.4.1981 – 1 ABR 53/79 = BB 1982, 861 = DB 1981, 1882 = EzA § 87 BetrVG Vorschlagswesen Nr. 2

185 **MünchArbR-Matthes**, a.a.O., § 319 Rdn. 72

186 **BAG** 17.10.1989 – 1 ABR 41/87 (B) = BB 1990, 853 = DB 1990, 589 = NZA 1990, 399 = EzA § 76 BetrVG Nr. 54

Umdeutung

6.4. Umdeutung

Eine Umdeutung nichtiger bzw. unwirksamer Betriebsvereinbarungen nach § 140 BGB scheidet aus. Sie haben normativen Charakter. Bei Gesamtnichtigkeit aufgrund eines Verstoßes gegen Abschlußnormen (z.B. § 77 Abs. 2 – 3 BetrVG) ist ein wirksames Ersatzgeschäft nicht denkbar. Ein Vertrag zugunsten der Arbeitnehmer i.S.d. § 328 BGB wird regelmäßig nicht vom hypothetischen Willen der Betriebspartner erfaßt. Die Unterschiede zur Betriebsvereinbarung mit ihrem normativen Charakter sind zudem zu groß. Schließlich wird der Zweck des § 77 Abs. 2 – 3 BetrVG bei inhaltsgleicher Aufrechterhaltung der nichtigen Betriebsvereinbarung als Vertrag i.S.d. § 328 BGB umgangen. Auch die Gesamtzusage oder eine arbeitsvertragliche Einheitsregelung scheiden als taugliche Ersatzgeschäfte aus. Beide führen zu einer inhaltlichen Änderung des Individualarbeitsvertrages. Das ist bei der Betriebsvereinbarung nicht der Fall. Der erklärte Wille der Betriebspartner ist ausschließlich auf den Abschluß einer kollektiven Vereinbarung gerichtet. Somit fehlt es auch am entsprechenden hypothetischen Willen. Bei Nichtigkeit bzw. Unwirksamkeit einzelner Regelungen der Betriebsvereinbarung ist eine Umdeutung aus denselben Gründen wie bei Tarifverträgen ausgeschlossen. Auch die Verhandlungen der Betriebspartner können nicht wiederholt werden. Werden nichtige bzw. unwirksame Betriebsvereinbarungen praktiziert, so kann sich hieraus eine rechtliche Verbindlichkeit (z.B. durch konkludente Änderung des Individualarbeitsvertrages oder betriebliche Übung) ergeben, ohne daß dann ein Anwendungsfall der Umdeutung vorliegt.[187]

---

[187] **Molkenbur/Krasshöfer**, Zur Umdeutung im Arbeitsrecht, RdA 1989, 337, 348; vgl. auch **MünchArbR-Matthes**, a.a.O., § 319 Rdn. 83 ff. m. umfangreichen w. N. sowie insbesondere auch **Bopp**, a.a.O., S. 322 m. umfangreichen w. N. aus der Rechtsprechung des BAG, wonach in Einzelfällen eine unwirksame Betriebsvereinbarung durch Umdeutung analog § 140 BGB zum Inhalt der Einzelverträge werden kann.

7. Durchführung der Betriebsvereinbarung

Durchführung der Betriebsvereinbarung

Gemäß § 77 Abs. 1 BetrVG ist es grundsätzlich alleine Sache des Arbeitgebers, Betriebsvereinbarungen durchzuführen. Gleichwohl können die Betriebspartner im Rahmen der freiwilligen Mitbestimmung vereinbaren, daß der Betriebspartner bestimmte Betriebsvereinbarungen durchführen soll. Mithin ist es nicht denkbar, daß ein Spruch der Einigungsstelle dem Betriebsrat Durchführungs- und Überwachungsrechte, die über die gesetzlichen Überwachungsrechte hinausgehen, einräumt.[188] Dementsprechend darf der Betriebsrat auch nicht durch einseitige Handlungen in die Leitung des Betriebs eingreifen (§ 77 Abs. 1 Satz 2 BetrVG). Allerdings steht dem Betriebsrat ein gerichtlich durchsetzbarer Anspruch gemäß § 77 Abs. 1 BetrVG darauf zu, daß der Arbeitgeber eine Betriebsvereinbarung durchführt. Dabei ist der Inhalt einer Betriebsvereinbarung, soweit er streitig ist, festzustellen.[189] Daraus folgt nicht die Befugnis des Betriebsrats, selbst Ansprüche der Arbeitnehmer aus der Betriebsvereinbarung – z.B. Sozialplanansprüche – geltend zu machen.[190] Begründet eine Betriebsvereinbarung jedoch wegen Unwirksamkeit von Anfang an keine Rechtswirkungen, so ist der Arbeitgeber gegenüber dem Betriebsrat nicht gemäß § 77 Abs. 1 BetrVG verpflichtet, die Betriebsvereinbarung durchzuführen. Ansprüchen der Arbeitnehmer, die auf die Betriebsvereinbarung gestützt werden, kann er entgegenhalten, daß die Betriebsvereinbarung unwirksam ist. Nichts anderes gilt für einen unwirksamen Spruch der Einigungsstelle.[191]

Beispiel:

> *Die Betriebsvereinbarung sieht eine Beteiligung an der Kontoführungsgebühr in Höhe von 3,-- DM je Monat vor, da der Arbeitgeber den Lohn bargeldlos zur Auszahlung bringt. Zahlt er diese Beträge nicht, kann der Arbeitnehmer beim zuständigen Arbeitsgericht auf Zahlung klagen.*

---

188 **MünchArbR-Matthes**, a.a.O., § 319 Rdn. 64
189 **BAG** 24.2.1987 – 1 ABR 18/85 = AP Nr. 21 zu § 77 BetrVG 1972
190 **BAG** 17.10.1989 – 1 ABR 75/88 = BB 1990, 489 = DB 1990, 486 = NZA 1990, 441 = EzA § 112 BetrVG 1972 Nr. 54, wonach Arbeitnehmer Ansprüche aus dem Sozialplan selbst im Rahmen des Urteilsverfahrens durchsetzen müssen.
191 **MünchArbR-Matthes**, a.a.O., § 319 Rdn. 86

8. Streitigkeiten über Inhalt, Auslegung und Geltung der Betriebsvereinbarung sowie deren Durchführung

8.1. Gerichtliche Rechts- und Billigkeitskontrolle

Betriebsvereinbarungen unterliegen, unabhängig davon, ob sie durch Vereinbarung der Betriebspartner oder durch Spruch der Einigungsstelle zustande gekommen sind, hinsichtlich ihrer Rechtmäßigkeit und damit ihrer Wirksamkeit einer vollen gerichtlichen Überprüfung. Matthes[192] führt dazu zutreffend aus:

Unwirksamkeit einer Betriebsvereinbarung

> *"Eine Entscheidung des Gerichtes darüber, ob eine Betriebsvereinbarung ganz oder teilweise unwirksam ist, kann zunächst im Beschlußverfahren auf Antrag eines Betriebspartners ergehen. Arbeitgeber oder Betriebsrat sind nicht deswegen daran gehindert, die Unwirksamkeit einer Betriebsvereinbarung geltend zu machen, weil sie diese selbst abgeschlossen haben. Darauf, wann dem Arbeitgeber oder dem Betriebsrat Zweifel an der Wirksamkeit der Betriebsvereinbarung gekommen sind, kommt es nicht an. Erst recht kann die Wirksamkeit eines Einigungsstellenspruchs durch die Betriebspartner zur gerichtlichen Überprüfung gestellt werden..."*

Ablösende Betriebsvereinbarung

Insbesondere dann, wenn eine ablösende Betriebsvereinbarung zu einer Schmälerung der Rechte der betroffenen Arbeitnehmer – z.B. durch die Kürzung von Versorgungsanwartschaften – führt, obliegt den Arbeitsgerichten eine Rechtskontrolle.[193]

Billigkeitskontrolle

Inhaltskontrolle

Darüber hinaus unterliegen Betriebsvereinbarungen der gerichtlichen Billigkeitskontrolle, die im Ergebnis eine Ermessenskontrolle darstellt.[194] Begründet wird die Billigkeitskontrolle damit, daß die Mitglieder der Belegschaft als Arbeitnehmer vom Arbeitgeber abhängig sind und der Betriebsrat nicht die Machtmittel hat, die der Gewerkschaft zur Verfügung stehen. Vor allem wird darauf hingewiesen, daß für den Betriebsrat die absolute Friedenspflicht des Betriebsverfassungsgesetzes besteht. Deshalb geht die Inhaltskontrolle bei einer Betriebsvereinbarung weiter als bei einem Tarifvertrag. Bei der Billigkeitskontrolle werden die

---

192 **MünchArbR-Matthes**, a.a.O., § 319 Rdn. 73
193 vgl. die Nachweise bei **Bopp**, a.a.O., S. 311
194 so **MünchArbR-Matthes**, a.a.O., § 319 Rdn. 81

Auswirkungen auf die regelungsbetroffenen Arbeitnehmer „nach dem Maßstab von Treu und Glauben unter besonderer Berücksichtigung des Vertrauensschutzgedankens"[195] geprüft, wobei Maßstab der gerichtlichen Prüfung die Bindung der Betriebspartner an die Zielbestimmung des Betriebsverfassungsgesetzes ist. Die Billigkeitskontrolle bezieht sich also auf die sogenannten Innenschranken der Betriebsvereinbarung. Sie ist insoweit eine Rechtskontrolle. Die gerichtliche Billigkeitskontrolle bezieht sich nur auf den Inhalt der getroffenen Regelung selbst. Es geht alleine darum, ob die von den Betriebspartnern vereinbarte Regelung der Billigkeit entspricht oder ob einzelne Arbeitnehmer oder Arbeitnehmergruppen von ihr in unbilliger Weise benachteiligt werden. Dagegen kann die Angemessenheit der finanziellen Gesamtausstattung im Individualprozeß nicht der gerichtlichen Billigkeitskontrolle unterzogen werden.[196]

Insbesondere unterliegen die Bestimmungen einer Betriebsvereinbarung der gerichtlichen Inhaltskontrolle in bezug auf ihre Übereinstimmung mit der Verfassung, den Gesetzen, den guten Sitten und der Billigkeit gemäß § 75 BetrVG.[197] Im übrigen ist Maßstab die Verpflichtung der Betriebsorgane, dem Wohle des Betriebs und seiner Arbeitnehmer unter Berücksichtigung des Gemeinwohls zu dienen. Innerhalb dieser Verpflichtung haben sie den billigen Ausgleich zwischen den Interessen der Belegschaft und des Betriebs sowie den Ausgleich zwischen den verschiedenen Teilen der Belegschaft selbst zu suchen.[198]

8.2. Besonderheiten bei verschiedenen Streitigkeiten

Streitigkeiten zwischen den Betriebspartnern, Beschlußverfahren

Streitigkeiten zwischen den Betriebspartnern entscheidet das Arbeitsgericht im Beschlußverfahren. Dessen spezieller Gegenstand bringt verschiedene Besonderheiten mit sich. Es kommt vor, daß verfahrensrechtliche Gründe von vornherein keine ge-

---

195 **BAG** 14.2.1984 – 1 AZR 574/82 = DB 1984, 1527 = NZA 1984, 201 = EzA § 112 BetrVG Nr. 30 und
BAG 26.7.1988 – 1 AZR 156/87 = BB 1988, 2385 = DB 1988, 2464 = NZA 1989, 25 = EzA § 112 BetrVG Nr. 43

196 vgl. **BAG** 14.2.1984 – 1 AZR 574/82 = Fn. 196;
BAG 26.7.1988 – 1 AZR 156/87 = Fn. 196

197 **BAG** 4.9.1985 – 5 AZR 655/84 und
BAG 25.4.1991 – 6 AZR 183/90 = BB 1991, 1713 = NZA 1991, 765

198 **BAG** 11.6.1975 – 5 AZR 217/74 = BB 1975, 1252 = DB 1975, 2044 = EzA § 77 BetrVG 1972 Nr. 1

Urteilsverfahren

richtliche Sachentscheidung zulassen oder diese später entbehrlich machen.[199] Im übrigen ist es denkbar, daß aufgrund von Betriebsvereinbarungen unmittelbare Rechtsansprüche der einzelnen Arbeitnehmer gegen den Arbeitgeber entstehen, die nicht im Beschluß-, sondern im Urteilsverfahren geltend zu machen sind. Abgesehen davon kann die Wirksamkeit einer Betriebsvereinbarung auch als Vorfrage in einem anderen Rechtsstreit zwischen Arbeitgeber und Betriebsrat oder zwischen Arbeitnehmer und Arbeitgeber zu entscheiden sein.[200] In der Praxis kommt es insbesondere in folgenden Fällen immer wieder zu Streitigkeiten:

Anspruch aus dem Arbeitsverhältnis

- Anspruch:

  Soweit es um einen Anspruch aus dem Arbeitsverhältnis geht, der durch die Betriebsvereinbarung normativ bestimmt wird, hat das Arbeitsgericht einen Streit über Bestand und Bedeutung der Betriebsvereinbarung als Vorfrage im Urteilsverfahren zu prüfen.[201] Der Anspruch des Betriebsrats auf Durchführung einer Betriebsvereinbarung hat nämlich nicht die Befugnis des Betriebsrats zum Inhalt, vom Arbeitgeber aus eigenem Recht die Erfüllung von Ansprüchen der Arbeitnehmer aus dieser Betriebsvereinbarung zu verlangen. Ein Antrag des Betriebsrats, mit dem er die Verurteilung des Arbeitgebers zur Erfüllung von Ansprüchen der Arbeitnehmer aus der Betriebsvereinbarung begehrt, ist deshalb unzulässig und kann nicht im Beschlußverfahren geltend gemacht werden, weil es nicht um "Angelegenheiten aus dem Betriebsverfassungsgesetz" geht.[202]

Auslegung

- Auslegung:

  Streitigkeiten darüber, wie eine Betriebsvereinbarung auszulegen ist, entscheidet das Arbeitsgericht im Beschlußverfahren.[203]

---

199 vgl. dazu **Molkenbur**, Verfahrensrechtliche Probleme des arbeitsgerichtlichen Beschlußverfahrens, DB 1992, 425 ff.

200 **MünchArbR-Matthes**, a.a.O., § 319 Rdn. 76

201 **Dietz/Richardi**, a.a.O., § 77 Rdn. 157

202 ständige Rechtsprechung des BAG; vgl. dazu die Rechtsprechungsnachweise bei **Bopp**, a.a.O., S. 319 – 320

203 **Dietz/Richardi**, a.a.O., § 77 Rdn. 157

- Beteiligtenfähigkeit:

Beteiligtenfähigkeit im Beschlußverfahren

Im Beschlußverfahren sind neben dem stets beteiligten Antragsteller die in § 83 Abs. 3 ArbGG genannten Personen oder Stellen von Amts wegen zu beteiligen, die durch die nach Maßgabe aller Anträge und damit auch der Hilfsanträge begehrten Entscheidung in ihrer Rechtsstellung unmittelbar materiell betroffen sind. Die Entscheidung, wer materiell beteiligt ist, kann im Einzelfall ausgesprochen schwierig sein und bedarf u.U. der Korrektur, wenn sich der maßgebliche Lebenssachverhalt ändert.[204] Die Tarifvertragsparteien können als Beteiligte zwar die Unwirksamkeit einer Betriebsvereinbarung für den Fall geltend machen, daß diese gegen den Tarifvorbehalt des § 77 Abs. 3 BetrVG verstößt, nicht aber schon dann, wenn einzelne Bestimmungen in einer Betriebsvereinbarung über mitbestimmungspflichtige Angelegenheiten tarifliche Vorgaben nicht beachten.[205] Demgemäß ist in einem Beschlußverfahren zwischen Betriebsrat und Arbeitgeber über die Nachwirkung einer ergänzenden Betriebsvereinbarung keine Beteiligung der Tarifvertragsparteien gegeben.[206]

Tarifvorbehalt

Nachwirkung einer ergänzenden Betriebsvereinbarung

- Bindungswirkung:

Bindungswirkung

Ist im Rahmen eines Beschlußverfahrens zwischen Arbeitgeber und Betriebsrat rechtskräftig über die Wirksamkeit der Betriebsvereinbarung entschieden worden, so hat diese Entscheidung bindende Wirkung auch für das Verhältnis der Arbeitnehmer zum Arbeitgeber. Daher wirkt eine zwischen Arbeitgeber und Betriebsrat ergangene rechtskräftige Entscheidung über den Inhalt einer Betriebsvereinbarung auch gegenüber den Arbeitnehmern, die Ansprüche aus dieser Betriebsvereinbarung geltend machen.[207]

---

204 vgl. dazu im einzelnen **Molkenbur**, DB 1992, 425, 426 m. umfangreichen w. N.

205 so **MünchArbR-Matthes**, a.a.O., § 319 Rdn. 75 m. umfangreichen w. N.

206 **BAG** 9.2.1984 – 6 ABR 10/81 = BB 1984, 1746 = DB 1984, 1477 = NZA 1984, 96 = EzA § 77 BetrVG 1972 Nr. 13

207 **MünchArbR-Matthes**, a.a.O., § 319 Rdn. 76 unter Hinweis darauf, daß im Individualprozeß nicht über die Angemessenheit und Zweckmäßigkeit der betrieblichen Regelung und auch nicht darüber entschieden werden könne, ob ein Spruch der Einigungsstelle die Grenzen des Ermessens überschritten habe.

Durchführung

- Durchführung:

  Streitigkeiten darüber, ob der Arbeitgeber eine Betriebsvereinbarung richtig ausführt, entscheidet das Arbeitsgericht ebenfalls im Beschlußverfahren.[208] Hat der Arbeitgeber in der Vergangenheit grob gegen seine Pflicht verstoßen, eine Betriebsvereinbarung korrekt durchzuführen, so beseitigt seine Zusicherung, daß in Zukunft ein betriebsvereinbarungswidriges Verhalten unterbleiben werde, noch nicht die Wiederholungsgefahr.[209]

Eingriff in die Betriebsleitung

- Eingriff:

  Ein Streit darüber, ob der Betriebsrat unzulässig in die Betriebsleitung eingegriffen hat, hat das Arbeitsgericht im Beschlußverfahren zu entscheiden.[210]

Einstweilige Verfügung

- Einstweilige Verfügung:

  Beschlußverfahren

  Will der Betriebsrat im arbeitsgerichtlichen Beschlußverfahren mit Hilfe einer einstweiligen gerichtlichen Verfügung die Anwendung einer bestimmten, zwischen ihm und dem Arbeitgeber in einem weiteren Beschlußverfahren umstrittenen Regelung (Spruch der Einigungsstelle oder Betriebsvereinbarung) verhindern, so kann er dies für die Dauer des weiteren Beschlußverfahrens aus eigenem Recht in aller Regel nur, wenn die betreffende Betriebsregelung nichtig oder offensichtlich rechtswidrig ist. Mithin kann eine durchführungsverhindernde einstweilige Verfügung regelmäßig dann nicht erlassen werden, wenn in dem weiteren Beschlußverfahren lediglich umstritten ist, ob die Einigungsstelle die Grenzen des ihr eingeräumten Ermessens überschritten hat.[211]

- Entwurf:

  Entwurf einer Betriebsvereinbarung

  Für einen Antrag auf Feststellung, daß hinsichtlich eines vom Betriebsrat dem Arbeitgeber vorgelegten umfassenden Entwurfs einer Betriebsvereinbarung weder in seiner Gesamtheit noch in seinen Einzelregelungen ein Mitbestim-

---

208 **Dietz/Richardi**, a.a.O., § 77 Rdn. 15

209 **BAG** 23.6.1992 – 1 ABR 11/92 = BB 1992, 2008 = DB 1992, 2450 = NZA 1992, 1095

210 **Dietz/Richardi**, a.a.O., § 77 Rdn. 16

211 **Hess. LAG** 24.9.1987 – 12 TaBVGa 70/87 = BB 1988, 347 und **LAG** Berlin 6.12.1984 – 4 TaBV 2/84 = AuR 1985, 293

mungsrecht besteht, ist regelmäßig kein Rechtsschutzinteresse gegeben.[212]

- Überprüfung:

  Vereinbarungen der Betriebspartner und Sprüche der Einigungsstelle unterliegen hinsichtlich ihrer Rechtmäßigkeit und damit ihrer Wirksamkeit der vollen gerichtlichen Überprüfung.[213]

Sprüche der Einigungsstelle

- Unterlassung:

  Eine Gewerkschaft hat keinen Anspruch gegen den Arbeitgeber, daß dieser die Anwendung einer Betriebsvereinbarung im Betrieb unterläßt, weil diese Betriebsvereinbarung gegen zwingende tarifliche Vorgaben verstößt.[214]

Gewerkschaft

Matthes[215] geht davon aus, daß der Arbeitgeber die Betriebsvereinbarung oder den Spruch der Einigungsstelle durchführen kann, selbst wenn der Betriebsrat die Wirksamkeit der Betriebsvereinbarung oder des Einigungsstellenspruchs, von deren Wirksamkeit der Arbeitgeber ausgeht, bestreitet. Der Arbeitgeber verstoße nicht gegen Mitbestimmungsrechte des Betriebsrats, wenn sich später die Unwirksamkeit der Betriebsvereinbarung oder des Einigungsstellenspruchs herausstelle. Arbeitnehmer könnten gegenüber sie belastenden Maßnahmen des Arbeitgebers die Unwirksamkeit der Regelung geltend machen, wenn auch auf eigenes Risiko. Ansprüche aus einer in ihrer Wirksamkeit umstrittenen Betriebsvereinbarung könne der Arbeitgeber unter dem Vorbehalt erfüllen, daß die Regelung wirksam sei. Stelle sich später die Unwirksamkeit der Betriebsvereinbarung heraus, könne der Arbeitgeber das Geleistete zurückverlangen, weil die Arbeitnehmer in Durchführung der unwirksamen Betriebsvereinbarung ohne Rechtsgrund etwas erlangt hätten, Die Herausgabe scheitere allerdings regelmäßig daran, daß die Arbeitnehmer nicht mehr bereichert seien.

---

212 **BAG** 24.11.1981 – 1 ABR 42/79 = DB 1982, 1413 = EzA § 76 BetrVG 1972 Nr. 33

213 **MünchArbR-Matthes**, a.a.O., § 319 Rdn. 73

214 **BAG** 20.8.1991 – 1 ABR 85/90 = BB 1992, 490 = DB 1992, 275 = NZA 1992, 317 = EzA § 77 BetrVG 1972 Nr. 41

215 **MünchArbR-Matthes**, a.a.O., § 319 Rdn. 88

Beschlußverfahren

Betriebsvereinbarungswidrige Maßnahmen

Dem kann nicht ohne weiteres gefolgt werden. Völlig unbestritten sind Auseinandersetzungen zwischen Arbeitgeber und Betriebsrat hinsichtlich der Rechtswirksamkeit einer Betriebsvereinbarung im Beschlußverfahren auszutragen. Dann ist es nicht zu beanstanden, wenn der Betriebsrat nicht nur die Feststellung der Unwirksamkeit einer Betriebsvereinbarung, sondern auch die Unterlassung deren Durchführung begehrt. Insoweit können die für betriebsvereinbarungswidrige Maßnahme geltenden Grundsätze angewendet werden. Solche Maßnahmen können dem Arbeitgeber vom Gericht auf Antrag des Betriebsrats im Rahmen eines Unterlassungsantrags untersagt werden.[216]

- Vorliegen einer Betriebsvereinbarung:

  Streitigkeiten zwischen Arbeitgeber und dem Betriebsrat darüber, ob eine Betriebsvereinbarung überhaupt vorliegt, sind vom Arbeitsgericht ebenfalls im Beschlußverfahren zu entscheiden.[217]

---

[216] **BAG** 10.11.1987 – 1 ABR 55/86 = BB 1988, 911 = DB 1987, 2420 = NZA 1988, 255 = EzA § 77 BetrVG 1972 Nr. 19

[217] **Dietz/Richardi**, a.a.O., § 77 Rdn. 157

Stichwortverzeichnis

Ablauf einer Betriebsvereinbarung 49
Ablösende Wirkung 39
Ablösung der Betriebsvereinbarung 67, 76
Ablösung einer älteren Betriebsvereinbarung 67
Ablösungsprinzip 50
Abrede, mündliche 13
Abschlußnorm 8, 31
Abweichung 33
Altersgrenze 40, 41
Altersgrenzenregelung 18
Altersversorgung, betriebliche 57, 64
Änderungskündigung 59, 61
Anerkenntnis 45
Anfechtung 50
Anfechtung einer Betriebsratswahl 69
Angestellte, außertarifliche 23
Angestellte, leitende 28
Anpassung der Betriebsvereinbarung 51
Anspruch aus dem Arbeitsverhältnis 78
Anwartschaft 27
Anwartschaftsrecht 52
Arbeitnehmer, ausgeschiedene 29, 31
Arbeitsbedingung, formelle 20, 36
Arbeitsbedingung, materielle 20, 36
Arbeitsverhältnis, Anspruch 78
Arbeitsverhältnis, ausgeschiedene Arbeitnehmer 31
Arbeitsverhältnis, Beendigung 47
Arbeitsvertrag, betriebsvereinbarungsoffen 38
Arbeitsvertragliche Bezugnahme 72
Arbeitsvertragliche Einheitsregelung 39
Arbeitszeit 22, 42
Arbeitszeit, Dauer 18
Arglistige Täuschung 50
Aufhebungsvertrag 50
Ausgeschiedene Arbeitnehmer 29
Aushang am Schwarzen Brett 56
Auslage 12
Auslegung 15, 78
Auslegung, ergänzende 16
Ausschluß der Nachwirkung 61
Ausschlußfrist 23, 48
Außerordentliche Kündigung 50
Außertarifliche Angestellte 23
Beendigung der bestehenden Betriebsvereinbarung 54
Beendigung des Arbeitsverhältnisses 47
Beendigung einer Betriebsvereinbarung 49
Befristete Betriebsvereinbarung 58
Bekanntmachung 14
Beschluß des Betriebsrats 56
Beschlußverfahren 77, 80, 82
Beschlußverfahren, Beteiligtenfähigkeit 79
Bestandsschutz 65
Beteiligtenfähigkeit 79
Beteiligtenfähigkeit im Beschlußverfahren 79
Betriebliche Altersversorgung 57, 64
Betriebliche Regelungsmacht, Schranken 17
Betriebliche Übung 15, 39, 42, 68
Betriebliche, betriebsverfassungsrechtliche Norm 32
Betriebliche, betriebsverfassungsrechtliche Regelung 32
Betriebs- und Ordnungsnormen 9
Betriebsleitung, Eingriff 80
Betriebsnorm 31
Betriebspartner, Regelungskompetenz 72
Betriebspartner, Streitigkeit 77
Betriebspartner, Zuständigkeit 17, 25
Betriebsrat, Beschluß 56
Betriebsrat, Wechsel 54
Betriebsrat, Zusammensetzung 54
Betriebsratsfähigkeit, Verlust 54
Betriebsratswahl, Anfechtung 69
Betriebsstillegung 52
Betriebsübergang 53
Betriebsvereinbarung, Ablauf 49
Betriebsvereinbarung, Ablösung 67, 76
Betriebsvereinbarung, Anpassung 51
Betriebsvereinbarung, Beendigung 49, 54
Betriebsvereinbarung, befristete 58
Betriebsvereinbarung, Durchführung 75
Betriebsvereinbarung, Entwurf 80
Betriebsvereinbarung, ergänzende 19, 22, 25
Betriebsvereinbarung, freiwillige 26
Betriebsvereinbarung, Kündigung 63
Betriebsvereinbarung, Nachwirkung 60, 79
Betriebsvereinbarung, Rechtswirkung 27
Betriebsvereinbarung, teilmitbestimmte 63
Betriebsvereinbarung, Unwirksamkeit 69, 76
Betriebsvereinbarung, Wegfall 66
Betriebsvereinbarung, zwingende Wirkung 60
Betriebsvereinbarungsoffene Arbeitsverträge 38

Betriebsvereinbarungswidrige Maßnahme 82
Betriebsverfassungsnorm 8
Bezugnahme, arbeitsvertragliche 72
Bezugnahme, einzelvertragliche 15
Billigkeitskontrolle 76
Bindung, schuldrecht'liche 34
Bindungswirkung 79
Dauer der Arbeitszeit 18
Drohung 50
Durchführung 80
Durchführung der Betriebsvereinbarung 75
Eingriff in die Betriebsleitung 80
Einheitsregelung 37, 68
Einheitsregelung, arbeitsvertragliche 39
Einheitsregelung, gesetzte 42
Einheitsregelung, vertragliche 44
Einigungsstelle 69
Einstellungsrichtlinie 33
Einstweilige Verfügung 80
Einzelvertragliche Bezugnahme 15
Einzelvertragliche Regelung 35
Entwurfs einer Betriebsvereinbarung 80
Ergänzende Auslegung 16
Ergänzende Betriebs vereinbarung 19, 22, 25
Erlaßvertrag 45
Erwerbsunfähigkeitsrente auf Zeit 70
Erzwingbare Mitbestimmung 11, 62
Formelle Arbeitsbedingung 20, 36
Fotokopie 13
Freiwillige Betriebsvereinbarung 26
Freiwillige Leistung 63
Freiwillige Mitbestimmung 64
Fristlose Kündigung 58
Funktionelle Zuständigkeit 18
Geeignete Stelle 13
Geltungsbereich, persönlicher 28
Geltungsbereich, räumlich 28
Geltungsbereich, zeitlich 28
Gesamtnichtigkeit 73
Gesamturkunde 13
Gesamtvergleich 38
Gesamtzusage 14, 37, 39, 42, 44, 68
Geschäftsgrundlage, Wegfall 43, 50, 51, 68
Gesetzliche Verjährungsfristen 48
Gesetzliche Vorschrift, zwingend 27
Gesetzte Einheitsregelung 42
Gewerkschaft 81
Gratifikationszusage 25
Grenzen von Recht und Billigkeit 72
Günstigkeitsprinzip 20, 34, 36, 37, 38, 40
Günstigkeitsvergleich 36, 37, 39
Günstigkeitsvergleich, individueller 37
Günstigkeitsvergleich, kollektiver 38, 42
Heimarbeit 28
In Heimarbeit Beschäftigte 28
Individueller Günstigkeitsvergleich 37
Inhaltskontrolle 76
Inhaltsnorm 8, 32, 36
Inkrafttreten 30
Irrtum 50
Klagerücknahme 45
Kollektiver Günstigkeitsvergleich 38, 42
Kollektivmacht, Schranke 34
Kündigung 55
Kündigung der Betriebsvereinbarung 63
Kündigung, außerordentliche 50
Kündigung, fristlose 58
Kündigung, ordentliche 56
Kündigung, Zugang 56
Kündigungsfrist 56
Kürzung von Versorgungsanwartschaften 67
Kürzung von Versorgungsrechten 72
Leistung, freiwillige 63
Leitende Angestellte 28
Lohnabtretungsverbot 18
Lossagungserklärung 51
Maßnahme, betriebsvereinbarungswidrige 82
Materielle Arbeitsbedingung 20, 36
Mitbestimmung, erzwingbare 11, 62
Mitbestimmung, freiwillige 64
Mündliche Abrede 13
Nachträgliche Verschlechterung 32
Nachwirkender Tarifvertrag 21, 26
Nachwirkung 49, 61, 73
Nachwirkung der Betriebsvereinbarung 60
Nachwirkung einer ergänzenden Betriebsvereinbarung 79
Nachwirkung, Ausschluß 61
Neuwahlen, unterbliebene 54
Nichtigkeit 15
Norm, betriebliche, betriebsverfassungsrechtliche 32
Normativer Teil 15, 28
Normenwirkung 33
Öffnungsklausel 39
Öffnungsklausel, tarifliche 55
Ordentliche Kündigung 56
Ordnungsnorm 30
Persönlicher Geltungsbereich 28
Rauchverbot 28
Räumlicher Geltungsbereich 28
Rechte, tarifliche 49
Rechtsmißbrauch 47

Rechtswirkung der Betriebsvereinbarung 27
Regelung, betriebliche, betriebsverfassungsrechtliche 32
Regelung, einzelvertraglich 35
Regelungsabrede 14, 34, 50, 57, 61, 62, 69
Regelungskompetenz 8, 17
Regelungskompetenz der Betriebspartner 72
Regelungslücke 16
Restmandat 29
Rückwirkung 30
Rückzahlungsklausel 27
Ruheständler 29, 43
Schadenersatzpflicht 14
Schranke der Kollektivmacht 34
Schranken der betrieblichen Regelungsmacht 17
Schriftform 12, 55, 70
Schuldrechtliche Bindung 34
Schuldrechtlicher Teil 15
Schwarzes Brett 56
Sozialleistungen 37, 42
Sozialplan 29, 51, 72
Spruch der Einigungsstelle 10, 69, 81
Streitigkeit zwischen den Betriebspartnern 77
Tarifautonomie 20
Tarifbindung 21, 25
Tarifliche Öffnungsklausel 55
Tarifliche Rechte 49
Tarifübliche Regelung 26
Tarifvertrag 24, 35, 60
Tarifvertrag, nachwirkender 21, 26
Tarifvorbehalt 19, 23, 79
Tatsachenvergleich 46
Täuschung, arglistige 50
Teil, schuldrechtlicher 15
Teilkündigung 58
Teilmitbestimmte Betriebsvereinbarung 63
Teilnichtigkeit 73
Treu und Glauben 47
Übung, betriebliche 15, 68
Umdeutung 14, 74
Unabdingbare Wirkung 27
Unmittelbare, zwingende Wirkung 32
Unterbliebene Neuwahlen 54
Unterwerfung 11
Unwirksamkeit der Betriebsvereinbarung 69, 76
Urlaub, zeitliche Lage 30
Urlaubsgrundsatz 30
Urlaubsplan 30
Urteilsverfahren 78
Verhältnismäßigkeit 64
Verjährungsfristen, gesetzliche 48
Verlust der Betriebsratsfähigkeit 54
Verschlechterung, nachträgliche 32
Versorgungsanspruch 65
Versorgungsanwartschaft, Kürzung 67
Versorgungsrechte, Kürzung 72
Vertrag zugunsten Dritter 14
Vertragliche Einheitsregelung 44
Vertragsabschluß 9
Vertragsstrafe 18
Vertragstheorie 7
Vertrauensschutz 44, 53, 64
Verwirkung 47
Verzicht 44, 45
Verzichtserklärung 45
Vorrang- oder Zweischrankentheorie 21
Vorruhestand 18
Vorschrift, gesetzliche, zwingend 27
Wechsel des Betriebsrats 54
Wegfall der Betriebsvereinbarung 66
Wegfall der Geschäftsgrundlage 43, 50, 51, 68
Widerruf 43, 66, 68
Widerrufsvorbehalt 39, 57
Wirkung, ablösende 39
Wirkung, unabdingbar 27
Wirkung, unmittelbar, zwingend 32
Zeitablauf 55
Zeitliche Lage des Urlaubs 30
Zeitlicher Geltungsbereich 28
Zugang der Kündigung 56
Zusammensetzung des Betriebsrats 54
Zuständigkeit der Betriebspartner 17, 25
Zuständigkeit, funktionelle 18
Zweckerreichung 55
Zweischrankentheorie 21
Zwingende gesetzliche Vorschrift 27
Zwingende Wirkung der Betriebsvereinbarung 60

Neue **Titel** der **Ratgeber-Reihe**

Im Zusammenhang mit der krankheitsbedingten Kündigung und den Voraussetzungen hierfür gibt es große Unsicherheiten, z.B.:
Welche Krankheitsdauer rechtfertigt eine krankheitsbedingte Kündigung?
Was ist eine negative Zukunftsprognose?
Welche Auswirkungen auf den Betriebsablauf begründen eine Kündigung?
Kündigung wegen Minderung der Leistungsfähigkeit?
Der Autor stellt Beispiele aus der Praxis vor und gibt konkrete Hinweise und Tips.

Hartmut Maier
Krankheit und Beendigung des Arbeitsverhältnisses
ca. 80 Seiten, Ende 1999, DM 19,80
ISBN 3-931165-46-9

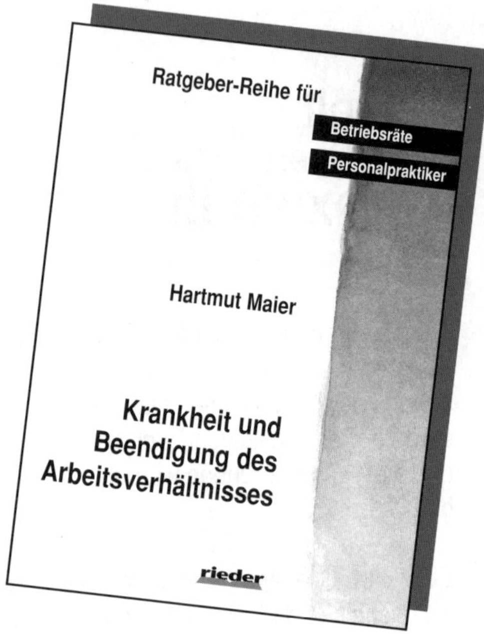

Befristete Arbeitsverhältnisse werden immer mehr zu Instrumenten betrieblicher Personalpolitik. In diesem Zusammenhang stellen sich viele Fragen, z.B.:
Gibt es eine Höchstdauer für die Befristung?
Muß eine Befristung begründet werden?
Welche Folgen hat eine unzulässige Befristung?
Welche Handlungsmöglichkeiten gibt es nach dem Beschäftigungsförderungsgesetz?
Welche Mitbestimmungsmöglichkeiten hat der Betriebsrat?

Diese Fragen beantwortet der Ratgeber.

Stephan M. Grundmann
Befristung des Arbeitsverhältnisses
ca. 80 Seiten, Ende 1999, DM 19,80
ISBN 3-931165-44-2